# EDITH STEIN
A abençoada pela Cruz

ELISABETH KAWA

# EDITH STEIN
## A abençoada pela cruz

3ª edição

Tradução de
Edson D. Gil

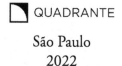

São Paulo
2022

Título original
*Edith Stein. Die vom Kreuz Gesegnete*

Copyright © 2022 Quadrante Editora

Capa de
Gabriela Haeitmann

---

**Dados Internacionais de Catalogação na Publicação (CIP)**

Kawa, Elizabeth
    Edith Stein: A abençoada pela cruz / Elizabeth Kawa; tradução de Edson D. Gil – 3ª ed. – São Paulo : Quadrante, 2022.

    Título original: *Edith Stein. Die vom Kreuz Gesegnete*
    ISBN: 978-85-7465-389-1

    1. Carmelitas (Freiras) 2. Filósofos – Alemanha – Biografia 3. Stein, Edith, 1891-1942 I. Título. II. Série.

                                                CDD 271.97102

---

**Índice para catálogo sistemático:**
1. Carmelitas : Freiras : Biografia e obra 271.97102

Todos os direitos reservados a
**QUADRANTE EDITORA**
Rua Bernardo da Veiga, 47 - Tel.: 3873-2270
CEP 01252-020 - São Paulo - SP
www.quadrante.com.br / atendimento@quadrante.com.br

# Sumário

| | |
|---|---|
| **Introdução** | 7 |
| **Infância e juventude** | 11 |
| Uma mulher forte | 11 |
| «Bata na pedra...» | 15 |
| **A estudante** | 21 |
| Na «*alma mater*» | 21 |
| Na «querida cidade de Göttingen» | 26 |
| Um hospital de campanha | 32 |
| «*Summa cum laude*» | 35 |
| **A convertida** | 39 |
| Encontro com a Cruz | 39 |
| «Esta é a verdade» | 43 |
| Uma tarefa espinhosa | 47 |
| «Veritas» | 50 |
| Mais oração e mais trabalho | 55 |
| A mulher conforme a natureza e a graça | 61 |
| A cruz sobre os ombros | 67 |
| «No porto da vontade divina» | 71 |

**Na ordem da Bem-aventurada Virgem Maria do Monte Carmelo** .................................................. 77
   No sopé do Monte Carmelo ...................................... 77
   A nova vida ................................................................ 82
   «Abençoada pela cruz» ............................................. 86
   A profissão ................................................................ 91
   «O senhor calca o mosto» ........................................ 95

**A ciência da Cruz e a escola da Cruz** ............................. 101
   A escola da Cruz ..................................................... 101
   Via sacra .................................................................. 108
   Silêncio .................................................................... 113
   O holocausto ao Altíssimo ...................................... 117

**Posfácio do editor na Praça de São Pedro** ..................... 123

# Introdução

A santa Madre Teresa de Ávila conta no *Livro da vida,* nesse estilo plástico que lhe era peculiar, uma experiência da infância. Quando tinha cerca de sete anos de idade e Rodrigo, seu irmão predileto, uns onze, as duas crianças, entusiasmadas com as leituras das vidas dos santos e sobretudo dos mártires, decidiram sofrer uma morte como a deles. Teresa pensava que os tormentos seriam insignificantes diante da felicidade de contemplar a Deus no céu. Como tinham ouvido dizer que muitos cristãos haviam sido mortos de maneira terrível pelos mouros da África, resolveram ir para lá «a fim de serem decapitados».

Certa manhã, apenas com alguns pedaços de pão seco na sacola, partiram em surdina. «Para sempre, para sempre!», repetiam pelo caminho. Logo, porém, Rodrigo começou a vacilar e Teresa tentou animá-lo sussurrando-lhe: «Pense bem, Rodrigo: para sempre! Os mártires contemplam a Deus para sempre! Precisamos ser mártires».

Mas as crianças não chegaram sequer a afastar-se dos portões da cidade. Mal tinham atravessado a ponte sobre o rio Adaja, toparam com um tio, a quem revelaram o plano na esperança de obterem aprovação e ajuda. Mas esse adulto desmancha-prazeres limitou-se a levá-los de volta o mais depressa possível para a mãe preocupada.

Chamado a dar satisfações pela fuga, Rodrigo lançou as culpas sobre a irmã. Teresa, por sua vez, apenas respondeu: «Fugi porque queria ver a Deus, e porque, para vê-lo, é preciso morrer primeiro».

Teresa viria a alcançar a graça do martírio conforme queria, mas não de forma cruenta, e sim pelo que teve de sofrer ao longo da vida. No entanto, o que negou à Madre fundadora, Deus o proporcionaria a algumas das suas filhas: a 17 de maio de 1794, durante a Revolução Francesa, dezesseis religiosas do Carmelo de Compiègne morreram guilhotinadas em Paris por sua fé[1]; e, mais próxima de nós, na Alemanha submetida ao jugo nazista, outra seguidora de Santa Teresa selaria com o seu sangue o testemunho por Cristo: a *Irmã Benedita da Cruz,* a antiga filósofa de origem judia *Edith Stein*.

O processo pelo qual Deus chama uma alma para segui--lo de perto sempre atrai a nossa atenção. Nenhum caminho é igual aos outros, mesmo que, vistos de fora, possam ter muita coisa em comum. O que há de mais significativo em toda a vocação – a relação íntima de uma alma com Deus – furta-se inteiramente, nas suas profundezas mais recônditas, à investigação humana. Somente na eternidade o Senhor levantará o véu que estendeu sobre a alma que embebeu da sua luz, e só então nos será permitido

---

(1) O episódio está descrito em Gertrud von le Fort, *A última ao cadafalso*, Quadrante, São Paulo, 1997. (N. E.)

contemplar o poderoso Amor com que Ele conquista os corações humanos.

Até então, diante de um ser humano que mergulha no impenetrável mistério de Deus, num voo que muitas vezes nos parece terrivelmente íngreme, só nos cabe admirar... e calar.

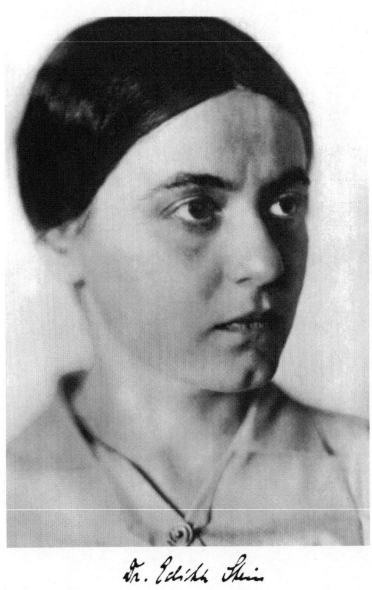

# Infância e juventude

## Uma mulher forte

Edith Stein nasceu em Breslau, Alemanha (hoje Wroklav, Polônia), no dia 12 de outubro de 1891, no seio de uma piedosa família judia. Era a mais nova de onze irmãos, dos quais quatro faleceram muito cedo. O pai, Siegfried Stein, era comerciante de madeiras, e a mãe, nascida Auguste Courant, dona de casa. Naquele ano, a grande festa judaica da Reconciliação *(Yom Kippur)* recaía nessa mesma data, coincidência que a mãe considerou um bom augúrio para o destino da criança.

Antes de a caçula completar dois anos, o pai morreu repentinamente, enquanto inspecionava uns bosques cuja madeira pretendia comprar. A mãe teve de arcar com todo o peso da criação e educação dos filhos. Mas a sra. Stein mostrou-se desde o início à altura da situação, pois estava dotada de uma inteligência e tino prático excepcionais e era sustentada por uma profunda piedade.

Vinha da provinciana mas bilíngue Lublinitz (Laublin), na Alta Silésia, fronteiriça com a Polônia, onde a sua família tinha uma mercearia e uma loja de ferragens; tivera oportunidade de lidar com produtos variados e conhecer gentes diversas, ampliando desde pequena os seus horizontes e ganhando agilidade intelectual e desembaraço na convivência com as pessoas. A mudança da pequena cidade do interior para Breslau, capital da Silésia, por ocasião do casamento, não lhe trouxe nenhum problema especial. Habituada ao trabalho sério e responsável desde a juventude, não só se ocupou desde o começo da vida conjugal do cuidado da casa e dos filhos cada vez mais numerosos, como ainda ajudava o marido nos negócios.

Quando Siegfried faleceu, estava tão familiarizada com o ramo madeireiro que decidiu substituí-lo à testa da empresa. Os familiares aconselharam-na a liquidar o negócio, pagar as dívidas e viver de rendas e do aluguel de uns quartos, mas ela não lhes deu ouvidos. Em breve, ajudada apenas pelos filhos mais velhos, revelou-se uma consumada *businesswoman*. Reergueu e até expandiu a madeireira do marido; passou a viajar pessoalmente pela Silésia e mais tarde também pelos Bálcãs para comprar madeira em pé, e com o correr do tempo o seu golpe de vista tornou-se tão certeiro que – contava a filha – era capaz de calcular o valor da madeira simplesmente ao passar de trem pelos bosques.

Tanto os Courant como os Stein, à maneira dos judeus liberais do século XIX, não se distinguiam dos seus concidadãos pelo modo de vida, embora continuassem a observar a tradição judaica em todo o rigor. Quem quer que entrasse na ampla casa situada à rua Michaelis, 38, era envolvido pela atmosfera de uma religião amorosa e conscientemente cultivada. Sobre a porta pendia a *mezuza*, um pergaminho com a profissão de fé de Israel: *Ouve, ó Israel, o Senhor teu Deus é o único Senhor* (Dt 6, 4). As prescrições da Torá – a Lei de Moisés, compendiada nos cinco primeiros livros da Bíblia – eram observadas escrupulosamente, embora já não se vivesse o antigo costume de ler as Sagradas Escrituras em família. Desde pequenas, as crianças rezavam em hebraico a oração de antes das refeições, acompanhavam a mãe à sinagoga aos sábados e observavam o jejum de vinte e quatro horas no dia da Reconciliação.

«Entre os acontecimentos da vida do lar – conta-nos Edith – estavam, além das festas familiares, as grandes festas judaicas, sobretudo a da Páscoa, que praticamente coincidia com a cristã [...]. Ainda mais importantes eram as do Ano Novo e da Reconciliação»[1], que mereciam pratos e talheres especiais, segundo o costume do tempo. Essas tradições marcaram a fundo a vida dos filhos, mesmo dos que perderam a fé na adolescência: «A partir dos treze anos, observei o jejum [do *Yom Kippur*]; aliás, nenhum de nós o dispensava, mesmo quando já não compartilhávamos mais a fé da nossa mãe e tínhamos deixado de praticar, fora de casa, as outras prescrições rituais»[2].

O fundamento da vida da sra. Stein era a fé no Deus único do Antigo Testamento, por quem se sentia amparada e ajudada em tudo e a quem tudo oferecia com plena confiança. «Certa vez – escreve Edith –, disse-me como uma espécie de argumento para provar a existência de Deus: "Não posso crer que deva unicamente às minhas próprias forças tudo o que consegui"»[3]. Por isso mesmo, partilhava prazerosamente os seus rendimentos com os ne-

---

(1) Edith Stein, *Aus meinem Leben (Sobre a minha vida),* Herder, Freiburg im Breisgau, 1987, p. 35; doravante, esta obra será citada apenas pelo título.

(2) *Aus meinem Leben,* p. 47.

(3) *Aus meinem Leben,* p. 35.

*Auguste Stein,
a mãe de Edith.*

cessitados: quando ficava sabendo que este ou aquele artesão ou carpinteiro passava por maus momentos, devolvia-lhe o dinheiro que recebera pela madeira, e no Natal cedia gratuitamente grandes quantidades de lenha aos pobres.

O temor de Deus dessa *mulher forte* (Pr 31, 10), que parecia ter saído diretamente das páginas do Antigo Testamento, permeava todo o seu ser e levava-a a detestar com profunda aversão pessoal qualquer tipo de violação da Lei divina. Os filhos aprenderam os princípios da vida moral pela retidão de caráter da mãe, que representava para eles um «espelho de virtudes». Quando ela dizia: «Isso é pecado!», todos sabiam que com essa expressão queria significar o que havia de mais indigno de um ser humano[4]. Mas nem por isso era uma mulher sombria ou de horizontes estreitos; pelo contrário, incutiu nos filhos o respeito por

---

(4) Theresia Renata de Spiritu Sancto, *Edith Stein. Lebensbildnis einer Philosophin und Karmeliterin (Retrato de uma filósofa e irmã carmelita)*, Glock und Lutz, Nürnberg, 1952, p. 18; doravante essa obra será citada apenas como *Lebensbildnis*.

todas as religiões e procuraria sempre aceitar as decisões que tomassem, por mais que não concordasse com elas.

Teve a preocupação de lhes dar a melhor formação possível. Todos seguiram profissões diversas, as que se adaptavam melhor às aptidões e gostos de cada um. Apesar do seu apego à tradição, a sra. Stein não estava fechada às boas inovações, e, quando se criaram colégios para meninas em Breslau, autorizou com prazer as duas filhas mais novas a cursarem ali o segundo grau e, mais tarde, a frequentarem também a Universidade.

Graças a essa mentalidade aberta da mãe, estavam representadas na família as mais diversas profissões. A filha mais velha, Else, tornou-se professora; a segunda, Frieda, depois de um matrimônio infeliz que terminou em separação, voltou a morar com a mãe; Rosa, por livre escolha, preferiu não se casar e dedicou-se ao cuidado do lar e aos negócios; a quarta, Ema, tornou-se médica, e Edith, a quinta, filóloga. Dos dois filhos, Paul, o mais velho, decidiu-se pela carreira bancária e Arno assumiu o negócio dos pais. Essa variedade de interesses profissionais criou uma atmosfera familiar rica e variada, que viria a ser de grande ajuda para Edith no momento em que se tornasse uma das primeiras universitárias da sua época.

## «Bata na pedra...»

Edith era uma criança encantadora e viva, precocemente amadurecida e de expressão desenvolta. As irmãs mais velhas mimavam-na e gostavam de chamá-la para as suas brincadeiras e conversas. Transformada em centro das atenções, essa pessoinha, que já naturalmente não tinha muitas papas na língua e só raras vezes se embaraçava diante de alguma pergunta, logo tornou-se vaidosa e egocêntrica, caprichosa e birrenta. Facilmente se desfazia em lágrimas de raiva quando não conseguia o que queria.

Aos cinco anos, decidiu que queria ir à Viktoriaschule (Escola Vitória) junto com a sua inseparável irmã Ema, um ano mais velha. Como era bastante franzina, a mãe preferiu que fosse a um jardim de infância até atingir a idade escolar, mas a pequena resistiu com todas as suas forças. Quando chegou o dia marcado para o começo das aulas, chovia fortemente e Edith alegou chorando: «Não posso ir, os meus sapatos vão ficar muito sujos». O seu irmão Paul, que se dispusera a levá-la, simplesmente a tomou nos braços e a levou até lá.

É possível que essa pequena humilhação, que feriu profundamente o seu orgulho, tenha aumentado ainda mais a sua aversão pelo jardim. Todos os dias repetiam-se as cenas e choradeiras. Edith estava tão insatisfeita ali que a sra. Stein acabou por ceder. No dia em que completou seis anos, a pequena pediu como presente de aniversário que a deixassem ir à Viktoriaschule, e essa manobra decidiu a questão. Por meio da filha mais velha, que também estudava ali, a mãe sondou o diretor quanto à possibilidade de admitirem a pequena no meio do ano letivo. A resposta foi positiva, mas acompanhada de uma condição: até o fim do ano, Edith deveria ter alcançado o nível das colegas. Pois bem, por volta da Páscoa a menor e mais jovem das alunas já era uma das primeiras da classe[5].

Edith manteve o primeiro lugar durante toda a vida escolar; mais precisamente, o segundo, porque havia certos

---

(5) Na Alemanha e, em geral, no hemisfério Norte, o ano letivo costuma começar em setembro-outubro, o semestre de inverno vai até fevereiro, o de verão começa em março e prestam-se os exames finais entre junho e julho. (N. E.)

*A família Stein em 1895; a foto do pai, já falecido na época, foi inserida. Edith é a segunda da direita para a esquerda, na primeira fila.*

preconceitos entre o corpo docente que tornavam impossível a uma judia ser a primeira. Mas essa injustiça não a afetou muito, uma vez que tinha um temperamento e uma inteligência excepcionalmente bem dotados para o estudo. «Na nossa infância – escreve ela, falando em nome de todos os filhos –, a escola desempenhou um papel muito importante. Parece-me que quase estava mais à vontade ali do que em casa»[6].

Depois de obter o diploma do ensino fundamental, no entanto, declarou que pretendia deixar de estudar, com grande surpresa dos familiares e dos professores. Sentia-se cansada e desorientada, e talvez quisesse também afirmar a sua independência em face da mãe e das irmãs. «Sonhava com felicidade e glória – conta-nos ela –, pois me tinha per-

---

(6) *Aus meinem Leben*, p. 56.

suadido de que estava destinada a algo grande, que não tinha absolutamente nada que ver com o ambiente estreito e burguês em que nascera»[7]. A mãe, que já a conhecia demasiado bem a essas alturas para insistir no contrário, sugeriu-lhe que passasse umas semanas com a sua irmã Else, que morava em Hamburgo com o marido, um médico; assim poderia ajudá--la nas tarefas domésticas e ganhar experiência no modo de conduzir um lar e cuidar de crianças pequenas.

A experiência não foi muito feliz. Isolada numa cidade desconhecida, Edith ensimesmou-se, passando quase o dia inteiro a ler. Não tinha a menor aptidão para os trabalhos domésticos, como comprovou em breve, por mais que se esforçasse por levar a cabo os deveres que assumira naquela casa. Além disso, a irmã e o cunhado tinham deixado de praticar o judaísmo e vinham passando também por um período de crise conjugal. Nesse ambiente, a fé de Edith, que já havia algum tempo estava em declínio, pareceu apagar-se completamente; «com plena consciência e por livre decisão, deixei de rezar», relata com simplicidade[8].

Como ocorre frequentemente com os adolescentes, a religião da sua mãe parecia-lhe formal e vazia; além disso, a ideologia liberal e a crítica historicista das Sagradas Escrituras, que as esvaziava de todo o conteúdo sobrenatural, vinha fazendo na época enormes estragos tanto entre os protestantes como entre os judeus, e praticamente todos os colegas e amigos dos jovens Stein se diziam ateus. Embora em casa não deixassem de cumprir as cerimônias tradicionais, todos se afastaram interiormente da religião.

A estadia em Hamburgo, que devia durar umas seis semanas, prolongou-se por dez meses. Por fim, depois de re-

---

(7) *Aus meinem Leben*, p. 67.
(8) *Aus meinem Leben*, p. 121.

fletir bem e percebendo que tinha claríssima vocação para o trabalho intelectual, Edith pediu à mãe que lhe permitisse voltar à escola. Cursou os três anos do segundo grau que lhe faltavam e, na Páscoa de 1910, foi aprovada nos exames de fim de curso, ficando entre as mais bem colocadas.

Dois pormenores mostram bem o nível intelectual da jovem. Na festa de formatura, o diretor costumava caracterizar cada aluna que deixava o colégio com uma breve frase, e dedicou a Edith o seguinte versinho:

*Bata na pedra [Stein]*
*E dela saltará a sabedoria.*

E uma das suas colegas de turma escreveu: «Embora o ingresso no colégio de meninas fosse reservado apenas às mais talentosas, e a maioria das alunas fossem realmente muito inteligentes, Edith sobressaía entre todas pela sua capacidade e pelos seus conhecimentos. Era muito aplicada, sem pretender de forma alguma exibir-se. [...] Lembro-me dela como de uma pessoa muito amável, serena e profundamente introspectiva. Jamais esquecerei a frase com que justificou uma crítica desfavorável que fez a uma tradução demasiado livre: "O tradutor deve ser como uma vidraça, alguém que deixa passar toda a luz sem se deixar ver a si mesmo"»[9].

Era uma observação a que não faltava profundidade, sem dúvida. Mas indica sobretudo que Edith ia desenvolvendo a capacidade de raciocinar por conta própria, de assimilar pessoalmente os conhecimentos que a escola lhe transmitia. O estudo não era, para ela, um meio de satisfazer a vaidade ou de triunfar na vida, e muito menos

---

(9) *Lebensbildnis*, p. 21.

uma obrigação desagradável da qual fosse preciso livrar-se o mais depressa possível: era a própria substância da sua vida intelectual.

De resto, não agia assim apenas com relação ao trabalho. As pessoas introspectivas com frequência são ótimas confidentes, pois guardam no coração tudo o que ouvem e aprendem, e não falam senão depois de terem meditado bem até os comentários mais intranscendentes. Que Edith era assim, confirmam-no estas palavras da sua irmã Ema: «Podiam-se confiar a ela todas as preocupações e segredos, pois estava sempre disposta a aconselhar e ajudar os outros. Com ela, podia-se ter a tranquilidade de saber que tudo estava em boas mãos»[10].

Mas não pensemos que fosse uma solitária esquiva e estranha. Superada a crise da adolescência, formou com as colegas Lili Plattau e Rose Gutrnann, a irmã Ema e o namorado desta, Hans Biberstein, uma turma de amigos que estudavam em comum, passavam os fins de tarde do verão em longas conversas, iam juntos ao teatro e à ópera... Ficaram tão unidos que Edith apelidou o grupo de «trevo de cinco folhas». Chegaram a estabelecer um programa para as suas tertúlias, em que cada qual selecionava alguns temas da sua especialidade, os que considerasse de maior interesse para todos, e os expunha informalmente aos outros. Assim tinham sempre assuntos em comum e a conversa não degenerava em frivolidades mais ou menos tolas, para depois esvair-se por falta de assunto.

---

(10) *Lebensbildnis*, p. 22.

# A estudante

## Na «*alma mater*»

Em abril de 1911, chegou o momento de escolher a carreira universitária. A sra. Stein teria desejado que a filha estudasse Direito, mas Edith inclinava-se para o Magistério e a Literatura. Encarregado pela família, um primo informou-se sobre as opções de cursos superiores disponíveis, e sugeriu Filologia e História da Literatura. Edith, sempre ambiciosa no campo intelectual, acrescentou: e Filosofia. Acabou por matricular-se em Língua Alemã, História e Filosofia na Universidade de Breslau.

Nas suas próprias palavras, participou «como poucos estudantes da vida da *alma mater*»[1]. Desde o começo, as aulas pareceram-lhe insuficientes, e ela procurou suprir o que faltava com leituras e estudo por conta própria, aulas de revisão para alunos dos primeiros semestres e seminários científicos.

---

(1) A expressão *alma mater*, «mãe carinhosa», é usada desde a Idade Média para designar a Universidade nas diversas línguas europeias. (N. E.)

Imersa como estava no estudo e nas atividades académicas, distanciou-se um tanto da família: «Quase só me viam por ocasião das refeições [...]. Quando me sentava à mesa, os meus pensamentos frequentemente ainda estavam ocupados no trabalho e eu falava pouco. A minha mãe costumava dizer que teriam podido pôr-me qualquer coisa no prato, que eu não o teria notado»[2].

Não era falta de carinho pelos seus, mas a verdade é que, por dentro, a jovem vivia cada vez mais num outro mundo: «Os meus problemas filosóficos nada tinham que ver à mesa da família. Certa vez, a minha mãe entrou no meu quarto quando eu estava enfrascada num diálogo de Platão. Apanhou o livro para ver o que era e disse-me, completamente desconcertada:

"Quanta coisa você sabe!"»[3]

Ao mesmo tempo que crescia o seu entusiasmo pela filosofia, em que pensava encontrar as verdades últimas que conferem sentido à vida – as três perguntas clássicas: «De onde venho? Para onde vou? Quem sou eu?», que já roeram o fígado de muita gente –, percebia com clareza crescente as limitações do ensino ministrado em Breslau. Impregnados do idealismo kantiano, dominante na Alemanha do seu tempo, os seus professores já não sabiam estender uma ponte sobre o abismo que, para eles, separava o pensamento da vida real. A lógica, ao invés de instrumento para conhecer a realidade, tornara-se uma espécie de espiral autista do pensamento que não conduzia a verdades, mas apenas a certezas que se justificavam umas às outras; a psicologia, ou mais precisamente a fisiologia do sistema nervoso, substituíra a antropologia, o conheci-

---

(2) *Aus meinem Leben*, p. 163.
(3) *Aus meinem Leben*, p. 167.

mento do ser humano na sua riqueza e complexidade; e a ética não passava de um conjunto de «imperativos», de leis e preceitos arbitrários, desprovidos de fundamento tanto na natureza humana como no convívio social.

Durante algum tempo, Edith pensou em fazer a sua tese de doutoramento sob a orientação do professor Wilhelm Stern, que chegou a representar para ela «o tipo mais acabado do humanismo judeu. [...] O seu rosto pálido estava emoldurado por uma barba de cor castanha. Os olhos eram inteligentes e bondosos, e a expressão do rosto e o som da voz, sumamente doces e afáveis»[4]. Mas a matéria que lecionava era psicologia experimental, ciência que estava nos começos e mal tinha condições de apresentar alguma contribuição significativa para resolver as dúvidas que a jovem enfrentava; sobretudo porque, nessa época, os psicólogos ainda costumavam negar por princípio a existência do espírito. «No quarto semestre, compreendi que Breslau já não tinha nada que oferecer-me e que precisava de estímulos novos»[5].

Nas suas leituras e nas aulas, a jovem deparava com frequentes referências a Edmund Husserl, o mais importante filósofo alemão do tempo, professor da Universidade de Göttingen e criador da corrente chamada «fenomenologia». Um colega mais velho, que fora aluno de Husserl e conhecia o pendor de Edith para a profundidade, aconselhou-a a ler as *Investigações lógicas* desse autor, «pois tudo o que os outros têm a dizer, no fundo, é copiado dele». Falava com tanto entusiasmo de Husserl e de Göttingen, «onde se filosofa dia e noite, nas refeições, na rua e em toda parte», que nas férias de Páscoa a estudante se lançou

---

(4) *Aus meinem Leben*, p. 180.
(5) *Aus meinem Leben*, p. 199.

com avidez sobre essa árida obra de teoria do conhecimento. Era, enfim, aquilo que não tinha conseguido encontrar nem na tradicional filosofia alemã, nem na jovem ciência da psicologia: claros conceitos fundamentais, que levavam a conhecer a realidade tal como ela se apresentava. Era, como viria a dizer, «um retorno ao realismo, uma nova escolástica»[6, 7].

A senhora Stein permitiu a contragosto que Edith se transferisse para Göttingen. Vinha observando o desenvolvimento intelectual da filha mais nova com orgulho, mas também com preocupação, e não lhe tinha passado despercebido que perdera a fé da infância. Embora a jovem continuasse a acompanhá-la à sinagoga, não o fazia por convicção nem por uma necessidade interior. Por isso receava que, se viesse a entregar-se inteiramente ao estudo da filosofia, acabasse por sucumbir ao liberalismo.

Como era justo esse receio, demonstra-o a confissão da própria Edith, relativa aos anos que passaria em Göttingen: «Nessa época, a minha saúde não ia muito bem por causa do combate espiritual que eu travava em segredo, sem nenhuma ajuda humana.[...] Essa luta por clareza dava-se em mim através de grandes sofrimentos e não me deixava descansar nem de dia nem de noite. Perdi então o sono e só voltei a ter noites tranquilas muitos anos depois»[8].

---

(6) A expressão «escolástica» designa comumente o pensamento filosófico e teológico da Idade Média, que nasceu e se desenvolveu a partir do século IX, nas grandes escolas episcopais e depois nas Universidades; alguns dos seus expoentes maiores foram Santo Anselmo de Canterbury, Abelardo, Pedro Lombardo, Santo Alberto Magno, São Boaventura, Duns Escoto e, sobretudo, São Tomás de Aquino. (N. E.)

(7) *Aus meinem Leben*, p. 219.

(8) *Aus meinem Leben*, pp. 205 e 246.

Quando já era uma experiente filósofa, professora e irmã carmelita calejada na luta interior, diria ainda: «O estudo da filosofia é um contínuo caminhar à beira do abismo»[9]. Porque enfrentar as duras questões sobre o que é a verdade e, sobretudo, essa verdade última pela qual pautar a vida, sobre quem é Deus, sobre o sentido do sofrimento e do mal, enfrentar essas perguntas com instrumentos inadequados, moldados numa base filosófica que falseia as respostas ao invés de proporcionar pontos de apoio seguros, é como querer carregar um peso imenso através de um lodaçal de areia movediça. Não admira que essa jovem inteligência se sentisse sufocada e que toda a sua vida lhe parecesse um angustioso debater-se em busca de ar puro, de apoios firmes.

Acrescente-se a isso o orgulho inconsciente próprio dos jovens – e não só dos que têm um intelecto brilhante –, que pensam que a sua própria cabeça basta para orientá-los no pântano da vida. «Vivia no ingénuo autoengano de que tudo em mim estava correto, como é frequente nas pessoas sem fé que vivem num tenso idealismo ético. Acreditam piamente que basta estarem apaixonadas pelo bem para serem boas elas mesmas»[10]. Atitude aliás muito moderna, e que abre alas à desilusão e ao cinismo amargo, à medida que a pessoa vai percebendo que traz também em si os germes do mal e do pecado. Mas que pode também – se há autêntica boa vontade – tornar-se um trampolim para o arrependimento e a humildade, e assim levar a pessoa para a busca de Deus e a conversão.

Felizmente, essa atitude teve ao menos a vantagem, no caso de Edith, de preservá-la dos extravios de conduta tão

---

(9) *Lebensbildnis*, p. 22.
(10) *Aus meinem Leben*, p. 167.

frequentes nos anos universitários: «Não queria relacionar-me com pessoas que, neste ponto, não fossem completamente limpas», diz, referindo-se a um colega obsessionado pelos temas eróticos de quem se afastou. E completa: «No meio e junto com toda a entrega ao trabalho, continuava a alimentar no íntimo do coração a esperança de um grande amor e de um casamento feliz. Sem ter a menor ideia da fé e da moral católicas, vivia imbuída do ideal do matrimónio cristão»[11].

## Na «querida cidade de Göttingen»

A estadia de Edith na «querida cidade de Göttingen» começou no semestre de verão de 1913, precisamente nos anos em que a escola fenomenológica alcançava o seu maior esplendor. «Creio que só quem estudou ali entre 1905 e 1914 [...]pode compreender como nos fazia vibrar esse nome. Eu tinha então vinte e um anos e era pura expectativa diante do que havia de acontecer»[12].

O criador da fenomenologia era Edmund Husserl, também judeu. Nascera em 1859 em Prossnitz, na Morávia (então parte do Império Austro-Húngaro, atualmente da República Tcheca). Doutorado em Matemática pela Universidade de Viena em 1883, tinha estudado Filosofia com Franz Brentano, que já vinha reavivando alguns conceitos básicos da esquecida filosofia realista medieval. Lecionara alguns anos na Universidade de Halle e, em 1901,

---

(11) *Aus meinem Leben*, pp. 180 e 196.
(12) *Aus meinem Leben*, p. 199.

estabelecera-se em Göttingen. Lá haveria de permanecer até mudar-se para Freiburg im Breisgau, em 1916, onde continuaria a lecionar até 1929 e onde morreria, a 26 de abril de 1938.

Quando Edith chegou, Husserl acabava de fundar a revista *Anais de filosofia e investigação fenomenológica,* em que se publicariam os primeiros trabalhos de um grupo brilhante de pensadores reunidos à sua volta: Adolf Reinach, Alexander Koyré, Max Scheler, Martin Heidegger, Dietrich von Hildebrand, Heinrich Konrad-Martius e a própria Edith Stein. Nesse círculo, a jovem encontraria o alimento com que mitigar por um tempo as ânsias do seu espírito sedento de verdade e a possibilidade de conviver com gente capaz de entender as dúvidas que a atormentavam.

Os seus primeiros contatos foram com Reinach, que era uma espécie de «relações-públicas» de Husserl. Quando por fim a apresentaram ao «mestre», surpreendeu-a não descobrir nada de chamativo ou de extraordinário na sua aparência externa, embora «transbordasse de distinção e dignidade». A primeira entrevista de seleção, sobretudo, deixou-a desconcertada:

– O dr. Reinach falou-me da senhorita. Leu alguma das minhas obras?, perguntou-lhe o filósofo.

– Li as *Investigações lógicas*.

– As *Investigações lógicas* completas?

– Bem, até o segundo volume...

– O segundo volume, inclusive? Então, a senhorita é uma heroína!

E foi tudo. Estava aprovada.

Husserl e os seus discípulos afastavam-se da especulação puramente lógica, voltando-se para «as coisas em si». Por isso, enquanto a filosofia kantiana derivava de maneira crescente para o positivismo lógico, isto é, tendia a circular cada vez mais em torno de discussões bizantinas e intermináveis sobre o significado das palavras, a fenomenologia voltava-se para o tratamento original de questões palpitantes da vida moral, social e política, e geraria filósofos tão renovadores como Hildebrand, Romano Guardini ou o Papa João Paulo II.

À semelhança do tomismo, o método fenomenológico procurava chegar à essência das realidades concretas, e recomendava ao filósofo que procurasse desprender-se o mais possível de preconceitos cientificistas («só o conhecimento científico é válido»), racionalistas («só a razão permite alcançar certezas»), passionais etc. Restaurava o conhecimento como um modo de *recepção,* cujas leis derivam das próprias coisas estudadas, e não como um modo de *determinação,* que impusesse as suas leis às coisas, como afirmava o criticismo kantiano. Contudo, o desenvolvimento posterior das ideias de Husserl e Heidegger mostrou que estes filósofos ainda permaneciam presos ao subjetivismo de Kant.

No relato intitulado *Meu primeiro semestre em Göttingen,* Edith destaca a figura de Max Scheler dentre os filósofos que exerceram uma forte influência sobre a vida intelectual europeia nas primeiras décadas do século XX. Enquanto Husserl estudava sobretudo a questão da verdade, Scheler voltava-se para a filosofia dos *valores,* isto é, para a questão do bem apreendido pelo espírito humano. «Para mim, como para muitos outros naqueles anos, a sua influência foi muito além do domínio da filosofia», escreve Edith. «Não sei em que ano Scheler se converteu à Igreja Católica, mas não devia fazer muito tempo. Em todo o caso, nessa época estava repleto de ideias católicas e, com todo o brilho do seu espírito e da sua eloquência, atraía as pessoas para a Igreja¹³. Foi o meu primeiro contato com esse mundo, até então desconhecido para mim. Esse encontro ainda não me levou a crer, mas revelou-me um horizonte de "fenômenos" diante dos quais já não podia mais fechar os olhos.

«Não era à toa que nos advertiam constantemente de que devíamos contemplar todas as coisas livres de preconceitos, lançando fora todos os "antolhos". As barreiras dos preconceitos racionalistas, dentro dos quais eu tinha crescido sem o saber, acabaram por ruir e o mundo da fé surgiu subitamente diante de mim. Pessoas com as quais convivia diariamente, e para as quais olhava com admiração, viviam dessa fé. No mínimo, ela devia merecer uma reflexão séria.

«Fosse como fosse, de momento ainda não me propus estudar sistematicamente os problemas da fé, pois estava muito ocupada com outras coisas. Contentava-me com aceitar, sem lhes opor resistência, os estímulos que partiam dos que me cercavam, e assim me fui transformando quase sem o perceber»¹⁴.

Essas «outras coisas» em que Edith estava ocupada eram o estudo, o estudo e o estudo. Levantava-se às seis

---

(13) Scheler (1874-1928) defendia uma visão sentimental e vitalista do conhecimento, na linha de Pascal: «O coração tem razões que a razão desconhece». Espírito mais brilhante do que profundo, e talvez desprovido dessa sinceridade última que caracteriza os homens que buscam a verdade acima da própria conveniência, teve uma trajetória espiritual acidentada: converteu-se do judaísmo ao catolicismo, para depois afastar-se da Igreja e reconverter-se uma segunda vez; voltou a deixá-la em 1922 e acabou por defender uma filosofia mais ou menos panteísta. É provável que tenha influído nessa atitude a grave desavença matrimonial por que passou e as aventuras escandalosas que se seguiram, que o levaram a perder a cátedra na Universidade de Munique. (N. E.)

(14) Cf. *Lebensbildnis*, p. 50.

*Em Göttingen.*

da manhã e mergulhava nas aulas, na preparação de seminários e nas leituras. Costumava fazer as refeições sozinha, o que lhe permitia continuar a ler e fazer anotações. Uma vez por semana, participava com os discípulos mais destacados de Husserl numa reunião em casa do professor. E só dava o dia por encerrado à meia-noite, quando ia deitar-se, deixando lápis e papel sobre a mesa de cabeceira, para o caso de lhe ocorrerem ideias interessantes durante a noite. Com esse ritmo, em breve aprofundou de tal forma no ideário filosófico de Husserl e na sua difícil terminologia peculiar que pôde ser considerada a sua melhor e mais talentosa aluna.

Depois de apenas seis meses, portanto ao final do seu quinto semestre na Universidade, a jovem considerou que já era chegada a hora de enfrentar o doutorado. Husserl,

*Edmund Husserl.*

de início, negou-se a orientá-la, pois pensava que ainda deveria assistir aos seus cursos durante mais um ou dois anos antes de lançar-se num projeto de tamanha envergadura. Depois de uma entrevista bastante espinhosa, acabaram chegando a um acordo: durante os seis meses seguintes, ela se prepararia para prestar o assim chamado *Staatsexamen* (exame de Estado), que equivalia a um trabalho de graduação e conferia a licenciatura, isto é, a possibilidade de lecionar em qualquer escola de segundo grau; e a seguir dedicar-se-ia ao doutorado. Edith respirou aliviada: mais uma vez a sua teimosia tinha triunfado.

Apesar desse programa de trabalho ambicioso, Edith nunca foi desses estudantes concentrados unicamente em si mesmos. Fez grandes amizades neste período: os casais Adolf e Anna Reinach, Heinrich e Hedwig Konrad-Martius e os Koyré. Sempre encontrava tempo para excursões nos arredores de Göttingen, e continuava a ser uma colega leal e prestativa. Como escreveria mais tarde, sentia-se membro dessa comunidade da qual recebia estímulo e com a qual se sentia comprometida: «Quem se fecha em si mesmo e não deixa a riqueza da sua vida interior agir sobre o mundo exterior não pode ser considerado parte da comunidade, pois desse modo lhe impede o acesso às fontes de novas energias»[15].

## Um hospital de campanha

Quando eclodiu a Guerra Mundial, em julho de 1914, muitos professores e estudantes se alistaram. Também Edith quis oferecer-se como auxiliar da Cruz Vermelha. Desde o princípio, diante de um acontecimento que arrastava o país inteiro como um turbilhão, raciocinou assim: «"Agora não tenho mais vida própria. Quando a guerra tiver passado, se eu ainda estiver viva, então poderei pensar nos meus assuntos pessoais". Até esse momento, não tinha outro desejo senão partir o mais depressa que fosse possível para um hospital de campanha na frente de batalha». Depois de um breve curso de enfermagem, trabalhou umas semanas no Hospital de Todos os Santos, em Breslau, mas, como havia excesso de pessoal auxiliar, foi dispensada.

Enquanto a Cruz Vermelha não a designava para outro local, voltou a Göttingen. Em janeiro de 1915, prestou as provas orais do exame de Estado em Filosofia, História e

---

(15) Cf. Maria Bienias, *Edith Stein*, em *Katholische Frauenbildung (Formação da mulher católica)*, ano 53, 1952, n.11, p. 696.

Língua Alemã, e foi aprovada com a nota máxima. Pouco depois, recebeu enfim o esperado telefonema de uma das diretoras locais da Cruz Vermelha, que lhe perguntava se se disporia a trabalhar como enfermeira, não na Alemanha, mas na Áustria, em Mährisch-Weisskirchen, onde uma grande academia militar fora convertida em hospital para os feridos da frente dos Cárpatos, com 4 mil lugares. Edith aceitou imediatamente.

Quem não gostou desse oferecimento foi a mãe. Mas a sra. Stein sabia que não valia a pena argumentar com a filha, dizendo-lhe que correria perigo de vida ali; em vez disso, recorreu a um argumento muito mais trivial e contundente: os piolhos que teria de suportar. Edith estremeceu, atingida num ponto sensível, mas respondeu que, se os soldados na frente de batalha tinham de sofrê-los e os pobres feridos também, ela não tinha por que ser mais privilegiada. Auguste resolveu então apelar para o respeito filial e proibiu-a pura e simplesmente de ir.

– Se é assim..., terei de ir sem o seu consentimento, foi a resposta.

A sra. Stein não voltou atrás, mas quando chegou a hora da partida ajudou Edith a fazer as malas...

O hospital, a seis horas de Breslau por trem, oferecia um espetáculo terrível, como todos os hospitais militares de todos os tempos. Levas de feridos que chegavam às centenas; membros estraçalhados, muitas vezes amputados às pressas porque não houvera possibilidade de tratá-los convenientemente; feridas supuradas e malcheirosas, provisoriamente vendadas, expostas a todas as infecções nesses tempos em que não se conheciam os antibióticos; e, pior, o tifo que se espalhava entre os doentes – e enfermeiros –, a tuberculose que levava os que já estavam a caminho da recuperação. Ali Edith pôde ter contato, num grau que nenhum curso acadêmico teria podido proporcionar-lhe, com o valor da pessoa humana e o significado da dor, da doença e da morte.

Teve de vencer repugnâncias profundamente arraigadas – os piolhos!, entre tantas outras –, o temor do contágio, o esgotamento produzido por noites e mais noites passadas em claro. A sua generosidade em ajudar os feridos não conhecia limites: além do trabalho de enfermagem propriamente dito, passava horas à cabeceira deles, para os consolar, animar e alentar, e escrevia-lhes as cartas que queriam dirigir aos familiares. Conquistou o respeito e a admiração dos pacientes e dos médicos, a tal ponto que mais tarde lhe foi conferida a Medalha de Honra.

Mas esse trabalho intenso e esgotador acabou por pesar-lhe no ânimo. Depois de alguns meses, começou a duvidar se seria aquela realmente a sua missão, se não teria feito mal em interromper o estudo e o trabalho intelectual. Quisesse ou não, era patente que não tinha vocação para as tarefas práticas: aquilo que outras realizavam em minutos, a ela custava-lhe horas, e nunca saía tão bem feito. De resto, havia excesso de pessoal auxiliar, e todo o seu sacrifício parecia desnecessário. Por fim, concluiu que era chegada a hora de pedir uma licença de duas semanas.

A enfermeira-chefe, no entanto, concedeu-lhe uma dispensa por período indeterminado e Edith foi enviada de volta. Tornou a pôr-se à disposição da Cruz Vermelha, mas não a chamaram novamente. O próprio hospital foi transferido para outra cidade pouco depois, e o prédio transformado novamente em academia militar.

Quando voltava do *front*, ocorreu um pequeno episódio que nos diz muito acerca da retidão do seu caráter. Durante a guerra, como é habitual, toda a correspondência dos soldados estava submetida a censura; por outro lado, não era mais do que natural que quem regressasse da frente de batalha trouxesse consigo um pacote de cartas dos companheiros, para burlar a censura. Também Edith trazia o seu, dissimulado no meio da bagagem.

Na fronteira da Alemanha, porém, ocorreu que o oficial da alfândega lhe perguntou expressamente se trazia correspondência; posta diante da alternativa de mentir ou sofrer as consequências da sua ação, a moça respondeu sem titubear com a verdade. Um pouco mais tarde, foi intimada a comparecer diante de um juiz, e como ele lhe perguntasse se sabia da proibição, voltou a responder com a verdade e disse-lhe que sim. Impressionado com a sua retidão, o magistrado contentou-se com uma repreenda. «Por nenhum preço teria dito que não sabia de nada – comentaria Edith mais tarde. Teria preferido ir para a prisão a mentir»[16].

### «*Summa cum laude*»

Em fins de 1915, a jovem está de novo em Göttingen. Agora dedica-se a preparar o doutorado. Aliás, será consolador para os que se dedicam às carreiras acadêmicas saber que também ela passou por todas as dificuldades que costumam acompanhar esse trabalho: insônias, leituras intermináveis em prazos excessivamente curtos, exames muito pouco razoáveis, tensão que chega a parecer insuportável. Em certos momentos, Edith pensou mesmo em renunciar às suas aspirações acadêmicas e contentar-se com ser «uma passável professorinha» de segundo grau.

---

(16) *Aus meinem Leben*, p. 329.

Husserl era, sem dúvida, um orientador especialmente exigente, mas não foi apenas por isso que a doutoranda teve tanto trabalho. Devemos buscar a causa na sua própria maneira de ser, que aliava a *Rastlosigkeit* judaica, o impulso perpétuo e a quase-angústia que nunca se contenta com o que já atingiu, com a *Gründlichkeit*, a exaustividade germânica: Edith não estuda para ser aprovada nem para «arrumar» de algum jeito uma tese apresentável, mas insiste em iluminar *todos* os aspectos da questão e resolver *cada uma* das perguntas que se lhe apresentam sobre o tema, mesmo as que parecem mais irrelevantes ao leitor não-acadêmico, por uma questão de completude e probidade intelectual. O que vem a ser ao mesmo tempo uma qualidade e um defeito: qualidade, na medida em que leva a pessoa a superar-se e a crescer; defeito, no que pode ter de orgulho e de mera autoafirmação.

Entre os temas ligados à teoria do conhecimento que o seu orientador tinha aflorado sem explorar mais a fundo, ela detectou o da *empatia*. Husserl afirmava que a «intersubjetividade» era um dos principais meios para se chegar a ter uma ideia digna de confiança do mundo exterior: isto é, para avaliar até que ponto determinado conhecimento estaria de acordo com a realidade, seria conveniente que diversas pessoas procurassem experimentar essa realidade e depois se pusessem de acordo quanto às suas percepções. Ora, para poderem pôr-se de acordo, seria necessário que tivessem a capacidade de *pôr-se no lugar do outro,* de ver o mundo através dos seus olhos, e é a essa capacidade que a doutoranda dá o nome de empatia. Para se ter uma ideia do grau de refinamento a que chegou no seu estudo, é interessante saber que, na sua forma final, a sua tese abrangia três volumes encadernados.

Em meados de 1916, Husserl foi chamado para ocupar uma cátedra na Universidade de Freiburg im Breisgau. A sua orientada seguiu-o até lá. No decurso de uma das conversas sobre a tese, chegou a propor-lhe que a contratasse como assistente, uma vez que ele começava a ter problemas de vista e já não dava conta do trabalho acumulado; o salário que o professor podia oferecer não era muito atraente, mas em compensação era-o o prestígio acadêmico que o cercava. A princípio, o mestre não concordou – parece ter sido uma constante do seu modo de ser... –, mas, depois de discutirem o assunto, acabou por ceder.

Faltava ainda a defesa da tese. O dia marcado, 3 de agosto de 1916, amanheceu «com um calor horroroso», segundo nos conta Edith. O decano da faculdade preparou um ambiente acolhedor para o exame em atenção à venerável figura do orientador, mas a banca não relaxou nem um pouco no rigor acadêmico. Iniciada às dez da manhã, a discussão da tese e das matérias do doutorado que a candidata tinha cursado prolongou-se até as oito da noite. Depois de uns poucos minutos de deliberação, a banca comunicou à exausta doutoranda a nota que tinha obtido: *summa cum laude*, «máxima com louvor», a maior graduação possível.

Desde que se iniciara a modernidade e as Universidades tinham sido absorvidas pelo Estado, as mulheres praticamente haviam deixado de cursar os estudos superiores; não é que houvesse uma proibição legal, mas sim uma tradição cultural, uma mentalidade predominante. Aliás, os colégios superiores, que durante a Idade Média tinham sido mistos, tinham-se tornado estritamente masculinos, um pequeno detalhe que o Iluminismo não só não percebeu, como até reforçou. Em consequência, Edith era certamente uma das dez ou doze *doutoras* que houvera nos últimos cinco séculos na Alemanha. E obteve o título em tempo recorde – quatro anos, quando o normal teriam sido ao menos oito –, à força de dedicação e de esforço. Não era pequeno feito.

# A convertida

## Encontro com a Cruz

Edith começou a trabalhar como assistente de Husserl literalmente no dia seguinte ao do doutorado. Sabia-se mais adequada do que ninguém para a tarefa: possuía vontade firme para perseguir a verdade, sempre tão esquiva; apurada capacidade de abstração e de concentração, e abertura de espírito. Além disso, possuía o dom inestimável de se dedicar paciente e abnegadamente a qualquer tarefa que lhe fosse confiada. Por fim, não lhe faltavam um bom conhecimento da natureza humana e o olho clínico para as carências intelectuais do seu ambiente.

Não era pequeno o trabalho que a esperava. Tinha de classificar e transcrever uma infinidade de manuscritos, em geral taquigrafados. Como estava familiarizada com a evolução das ideias de Husserl, era capaz de identificar rapidamente textos que se completavam, outros que ainda precisavam ser revistos e aprofundados, e outros que, por

*O casal Adolf e Anna Reinach.*

já estarem superados, podiam ser deixados de lado; e assim, com admirável segurança e destreza, foi eliminando pilhas inteiras de manuscritos acumulados havia décadas. Além disso, para ajudar os estudantes de Freiburg a dominar o método fenomenológico, dava-lhes cursos de introdução à fenomenologia, a que chamava, com bom humor, o «jardim de infância filosófico».

Impressiona que ainda encontrasse tempo e energia para os seus próprios trabalhos, como os ensaios *Contribuições para a fundamentação da filosofia e das ciências do espírito* e *Alma vegetativa, alma sensitiva e alma espiritual*. Para consegui-lo, dividia rigorosamente o tempo e forçava-se a seguir os horários que tinha estabelecido. Ao mesmo tempo, o seu pensamento ia amadurecendo, por força da própria evolução das ideias, mas também em função de alguns episódios que a marcaram. Referindo-se a essa época, escreveria mais tarde: «A minha procura da verdade era uma verdadeira oração».

O grupo dos fenomenólogos de Göttingen já se tinha destacado por não considerar a fé, por princípio, como «conhecimento de segunda categoria», como era moda entre alguns pensadores menores. Husserl animou insistentemente os seus discípulos a prescindir de esquemas mentais cerrados e a abrir-se para a verdade, «a luminosa certeza do que é e do que não é», e assim, sem pretendê-lo expressamente, levou muitos deles a converter-se ao cristianismo. Ele mesmo alimentou uma simpatia crescente pela Igreja ao longo da vida, embora não tenha chegado a pedir o batismo.

Entre os que se interessavam profundamente pelo tema religioso, e tratavam frequentemente dele nas suas conversas com Edith, estava o casal Reinach. Em 1917, os dois, judeus de origem, converteram-se ao cristianismo luterano e receberam o batismo. O marido, Adolf, incorporou-se logo depois ao exército e morreu em ação na frente de Flandres, ainda no mesmo ano.

Algumas semanas depois, Anna, a sua esposa, pediu a Edith que a ajudasse a organizar o espólio intelectual do marido. Num primeiro momento, Edith teve receio de trabalhar com ela nessas circunstâncias, pois pensava que não saberia o que dizer-lhe nem como consolá-la, uma vez que ela mesma não cria na vida eterna. Logo no primeiro encontro, porém, descobriu que a viúva estava cheia de paz e de esperança, e foi Anna quem lhe falou em termos profundamente consoladores de Cristo e do significado da Cruz como caminho para a Ressurreição.

«Esse foi o meu primeiro encontro com a cruz e com a força divina que ela transmite aos que a carregam», afirmaria a futura irmã Benedita da Cruz, pouco antes da sua morte. «Pela primeira vez, vi palpavelmente diante de mim a Igreja de Cristo, nascida da Paixão do Salvador na sua vitória contra o aguilhão da morte. Foi o momento em que a minha descrença desmoronou, o judaísmo se apagou e Cristo resplandeceu: *Cristo no mistério da Cruz*. Por isso mesmo, por ocasião da minha tomada de hábito na Ordem [carmelita], a minha única vontade não podia ser outra senão receber esse nome: "da Cruz"»[1].

Não era ainda a conversão, mas um passo importante nesse sentido. Tivera também outras experiências nesse período, talvez menos tocantes pelas circunstâncias, mas que se gravaram na sua memória de maneira igualmente indelével. Por exemplo, ao dirigir-se para Freiburg em 1916, tinha passado com uma amiga pela cidade de Frankfurt. Movidas por um interesse mais turístico do que religioso, tinham entrado por uns momentos na catedral católica. «Enquanto estávamos ali em respeitoso silêncio, chegou uma mulher com a sua cesta de compras e ajoelhou-se num banco para fazer uma breve oração. Isso era algo completamente novo para mim, pois só se entrava nas sinagogas e nas igrejas protestantes que eu conhecia para o culto religioso comunitário. Ali, em contrapartida, estava alguém que acudia a uma igreja vazia no meio das suas ocupações diárias, como que para um diálogo confidencial. Disso não me esqueci nunca»[2].

Noutra ocasião, durante uma excursão pelos arredores de Freiburg, presenciou outra cena, cotidiana e singela, mas que por isso mesmo a marcou. «Não era raro passarmos a noite na montanha. Certa vez, hospedamo-nos na casa de um camponês no Feldberg. Causou-nos uma profunda impressão ver que esse pai de família, católico, fazia

---

(1) *Lebensbildnis*, p. 63.
(2) *Aus meinem Leben*, p. 362.

pela manhã uma oração juntamente com os seus criados, todos de mãos dadas, antes de irem para o campo»[3].

Embora Edith nunca tenha querido detalhar o processo interior que a levou à conversão – sempre respondia, quando lhe perguntavam a esse respeito, «*Secretum meum mihi*. O meu segredo é para mim» (Is 24, 16) –, não há dúvida de que essas pequenas cenas vivas e vividas foram demolindo a sua mentalidade imbuída de ceticismo científico e tornando-a receptiva à fé, se não ativamente desejosa de encontrá-la. É quase certo que, por esses anos, leu pela primeira vez o Novo Testamento. E numa carta desse período pede expressamente a um amigo: «Reze por mim».

## «Esta é a verdade»

Se a sua amiga Anna Reinach lhe proporcionou o primeiro encontro com a cruz, Edith começou a senti-la também na própria pele, embora ainda em pequena escala e em matérias, digamos assim, secundárias.

Em primeiro lugar, no seu trabalho como assistente de Husserl. O volume do que realizou é esmagador: do material conservado no arquivo desse pensador na Universidade de Lovaina, atribuem-se a ela a numeração, divisão, correção e reelaboração com notas marginais de 57 trabalhos manuscritos do filósofo, bem como os trabalhos de preparação para a imprensa das 9.669 folhas do estudo *Ideias relativas a uma fenomenologia pura*.

---

(3) Edith Stein, *Heil im Unheil (Salvação na desgraça)*, vol. X das *Gesammelte Werlce (Obras completas)*, L.Gelber, R.Leuven e M.Liussen eds., Herder, Freiburg im Breisgau, 1983, p. 36.

Por outro lado, pouco a pouco foi tomando consciência de que o seu mestre era incapaz de trabalhar em colaboração com alguém, de dividir tarefas, e sentia-se de maneira crescente relegada à função de mera «criada acadêmica», como comentou numa carta de 1917: isto é, de uma secretária que se limitava a passar a limpo os manuscritos e a pôr em ordem a mesa do chefe. Não era nem de longe o que havia esperado.

Em 1918, tomou a difícil decisão de deixá-lo para ingressar por conta própria na carreira universitária. Apresentou diversos requerimentos para prestar concurso para as cátedras da sua área, mas só encontrou negativas pela frente, acompanhadas, isso sim, de uma amabilidade invariável. Uma mulher, professora universitária? Era ainda qualquer coisa de impensável, não porque a lei assim o dispusesse, mas porque simplesmente não cabia na cabeça de ninguém. Nenhum dos reitores, decanos ou ministros que a dra. Stein visitou teria sido capaz de dizer-lho na cara, porque teria sido um «chauvinismo» imperdoável; mas não é menos verdade que Edith chocou com uma parede sólida de recusas em que não era capaz de encontrar a menor brecha.

Foi uma amarga decepção para a brilhante doutora em filosofia. Só lhe restava retirar-se para a casa da sua mãe, onde passou os anos seguintes, 1919 a 1921, ministrando cursos particulares de introdução à filosofia para um grupo de alunos voluntários – aliás bastante nutrido, pois chegaram a ser mais de cinquenta – e lecionando a matéria de Ética na Escola Superior Popular de Breslau. Não deixou, nesse tempo, de continuar publicando diversos trabalhos na revista que Husserl editava em Göttingen.

É bem verdade que tudo isso não ultrapassava em gravidade as dificuldades normais que qualquer jovem enfrenta nos começos da vida profissional. Mas é preciso que nos lembremos da avidez com que Edith mergulhara na filosofia e do empenho que pusera na sua carreira acadêmica para compreender toda a amargura que esses fracassos representaram. Por outro lado, não há dúvida de que Deus lhe dava assim a experimentar um pouco da sua cruz para desprendê-la do que havia de entusiasmo excessivamente humano no seu projeto de vida, preparando-a para a conversão definitiva.

A sua hora haveria de soar finalmente em março de 1921, durante umas semanas que Edith passava com o casal Conrad-Martius na sua casa de campo em Bergzabem. Hedwig e Theodor pertenciam também ao círculo dos fenomenologistas de Göttingen e, como antes deles os Reinach, tinham-se convertido do judaísmo ao cristianismo luterano. Edith passava com certa frequência as férias com eles. Durante o dia, ajudava na colheita e acondicionamento das frutas do pomar, e à noite os três discutiam questões filosóficas e religiosas.

Certa tarde em que os donos da casa estavam fora, resolveu passar o tempo lendo e apanhou um livro na estante. «Escolhi ao acaso – conta-nos – e abri um volumoso livro cujo título era *Vida de Santa Teresa de Ávila, escrita por ela mesma*. Comecei a ler e fiquei tão arrebatada que não consegui parar até terminá-lo. Quando o fechei, disse comigo mesma: "Esta é a Verdade"»[4].

O *Livro da vida* de Santa Teresa é uma das obras-primas da literatura castelhana e universal. A transparência de alma da grande mística de Ávila, que narra os episódios mais corriqueiros com o mesmo fôlego com que descreve as experiências mais subidas da oração, e tudo isso com

---

(4) *Lebensbildnis*, p. 68.

*À esquerda, a casa dos Conrad-Martius em Bergzabern.
À direita, Hedwig Conrad-Martius.*

essa graça e esse sal que só determinado tipo de mulheres (tem-se a tentação de chamá-las «gênios da conversação») sabe ter, transmite sem dúvida a impressão de que tudo o que diz é verdade, é a mais cristalina verdade. Ao percorrer as páginas do livro, Edith sentiu vibrar dentro de si um diapasão que nada nem ninguém tinha sido capaz de tocar até esse momento: aquilo era mais, muito mais, do que uns princípios intelectuais e umas orientações para a inteligência, por luminosas e corretas que pudessem ser; era vida, verdade encarnada em vida, uma verdade que palpitava de amor e transfigurava de alto a baixo a personalidade da Santa e ainda perfumava, a cinco séculos de distância, as linhas que lhe tinham saído da pena. Não admira que a jovem filósofa se esquecesse da passagem das horas e só voltasse a dar por si ao raiar da aurora...

Naquela mesma manhã, Edith foi à cidade comprar um catecismo e um missal. Como de costume, mergulhou no seu estudo até dominar completamente o conteúdo, e no domingo seguinte foi pela primeira vez a uma igreja católica para assistir à missa. «Nada me pareceu estranho. Graças às leituras que tinha feito, compreendi até os menores detalhes da cerimónia – conta-nos ela. Um sacerdote idoso dirigiu-se ao altar e celebrou o Santo Sacrifício com profunda devoção. Depois da santa missa, esperei até que o padre terminasse a sua ação de graças. Acompanhei-o à casa paroquial e disse-lhe sem mais que desejava receber o batismo. Com um olhar de admiração, respondeu-me que só se podia entrar para a Igreja depois de uma preparação adequada. "Há quanto tempo a senhora está sendo instruída, e por quem?", perguntou-me. Só pude dizer-lhe, a título de resposta: "Reverendo, por favor, examine-me"»[5].

Com efeito, nas conversas que tiveram a seguir, Edith demonstrou conhecer tão bem as verdades da fé que o pároco, Eugen Breitling, marcou o batismo para dali a poucos meses, para o dia de Ano Novo de 1922.

## Uma tarefa espinhosa

Em começos de agosto, já católica de cabeça e coração, mas ainda catecúmena, a desempregada dra. Stein voltou para a sua casa em Breslau. Tinha agora pela frente a espinhosa questão de como comunicar a sua conversão à mãe, que sem dúvida sofreria muito com isso.

Começou por abrir-se com a sua irmã Ema, que nos deixou um relato dos seus sentimentos e da sua reação: «Em setembro de 1921 nasceu a nossa primeira filha,

---

(5) *Lebensbildnis*, p. 69.

Susanne, e Edith, que estava em casa, ajudou-me com extrema delicadeza. Mas sobreveio uma forte sombra nessa época, quanto ao resto tão feliz. Edith confiou-me a sua decisão de converter-se ao catolicismo e pediu-me que preparasse o ânimo da nossa mãe. Eu sabia que seria uma das tarefas mais difíceis que tinha enfrentado até então. Embora a minha mãe sempre se tivesse mostrado muito compreensiva em tudo e nos tivesse deixado liberdade em todas as questões, uma decisão desse tipo representaria um golpe duríssimo para ela. Era uma judia verdadeiramente crente e, portanto, consideraria uma apostasia o fato de Edith abraçar outra religião. Também a nós nos custou muito, mas tínhamos tal confiança na convicção de Edith que, embora com dor, aceitamos o passo que tinha dado, depois de termos tentado dissuadi--la inutilmente»[6].

Os dias passavam, e ninguém queria ser o primeiro a provocar o choque. No entanto, seria preciso ser cego para não perceber que Edith estava profundamente mudada, atenta e carinhosa como nunca. Levantava-se todos os dias de manhã bem cedo e saía sem dizer nada, para voltar cerca de uma hora depois: a mãe comentaria mais tarde que só podia ser para ir à igreja. Um dia, por fim, a filha juntou todas as forças e comunicou simplesmente: «Agora sou católica»...

Não houve recriminações por parte da sra. Stein, nem gritos, nem expulsão da família. Apenas um profundo sofrimento silencioso, reação que talvez fosse a mais dolorosa possível para a filha, pois não há maior dor do que infligir a quem se ama uma dor que não se pode evitar nem mitigar.

---

(6) *Aus meinem Leben*, Apêndice de Maria Amata Meyer, p. 406.

Embora a sra. Stein nunca tenha conseguido compreender a decisão tomada pela filha, não deixou de reconhecer e vislumbrar a graça que nela atuava. Edith ainda a acompanhava à sinagoga aos sábados; um dia, depois de ouvi-la recitar os salmos durante o serviço religioso, a mãe chegou a reconhecer: «Nunca vi ninguém rezar como ela». No entanto, quando o rabino entoou o versículo: *Ouve, ó Israel, o Senhor teu Deus é o único Senhor*, a sra. Stein não conseguiu deixar de olhar para a filha com profunda mágoa e de adverti-la:

– «Está ouvindo? O seu Deus é um só!»[7, 8]

Em outubro, Edith voltou a Bergzabem, à casa dos Conrad-Martius. Desejava preparar-se para o batismo recorrendo, num clima de recolhimento e solidão, aos clássicos meios de formação espiritual: a leitura, a meditação e a oração vocal. Aliás, desde que se convertera, manifestava um pendor muito forte para a contemplação, tendência que não faria senão acentuar-se com o correr dos anos. Assistia à missa não apenas aos domingos, mas também nos dias de semana, apesar dos deslocamentos e dificuldades que tinha de vencer: demonstrava assim que havia compreendido com toda a força o valor infinito do Santo Sacrifício do altar.

A véspera do dia 1º de janeiro, noite de São Silvestre, passou-a ajoelhada diante do Santíssimo Sacramento na igreja de Bergzabem. No dia seguinte, recebeu o batismo do velho pároco Eugen Breitling. Nenhum membro da

---

(7) Pode ocorrer que alguns judeus confundam a doutrina cristã da Santíssima Trindade – um só Deus em três Pessoas – com algo semelhante ao politeísmo, quando a crença na Trindade é indissociável da fé *in unum Deum*, num só Deus. (N. E.)

(8) *Lebensbildnis*, p. 70.

família assistiu à cerimônia. A sua madrinha – contando com a devida dispensa do bispo de Speyer, pois, como vimos, era protestante – foi Hedwig Conrad-Martius, e Edith usou o vestido de noiva da amiga como veste branca de neófita. Em homenagem de gratidão a ela e à Santa que acabara por conquistá-la para Cristo, adotou os nomes cristãos de Theresa Hedwig.

Depois do batismo, assistiu à missa e recebeu também a Primeira Comunhão; a partir desse dia, passaria a recebê-la diariamente. E um mês depois, na festa da Apresentação de Jesus no Templo, data com certo sabor judaico, recebeu também o sacramento da Confirmação das mãos de mons. Ludwig Sebastian, bispo de Speyer, numa cerimônia privada na residência do prelado.

## «*Veritas*»

A extraordinária afinidade espiritual que tinha experimentado com a Santa Madre Teresa fizera-a pensar em fazer-se carmelita logo depois do batismo. No entanto, quando tornou a ver a mãe alguns meses depois, viu com clareza que ela ainda não estava preparada para suportar esse segundo golpe. Essa era também a opinião do seu diretor espiritual, o vigário geral da diocese de Speyer, mons. Josef Schwind, a quem o seu pároco a tinha apresentado. Mons. Schwind e outros intelectuais católicos que já conheciam o seu trabalho como filósofa pensavam, além disso, que Edith devia dedicar os seus extraordinários talentos à apologética e a outros domínios em que a filosofia confina com a teologia.

Edith hesitou durante quase um ano. Por fim, quando surgiu a oportunidade de lecionar alemão no Instituto de Educação de Santa Maria Madalena em Speyer, um colégio interno de segundo grau pertencente a umas freiras dominicanas, pareceu-lhe uma excelente oportunidade de ter ao mesmo tempo uma vida mais recolhida, de exercer o magistério e de se dedicar ao trabalho filosófico, e aceitou imediatamente. Fez a mudança em fins de 1922 ou começos de 1923. Ao ver que sobre a entrada estava escrita a divisa da Ordem dominicana, *Veritas* (Verdade), considerou que era um ótimo lema para a nova etapa de vida que estava iniciando.

Se até esse momento a jovem doutora só se ocupara da formação intelectual dos seus alunos, agora compreendia que a sua atividade docente tinha horizontes muito mais amplos: era preciso ajudar as alunas «a moldar a vida no espírito de Cristo». Sentia-se instrumento de Deus nessa tarefa, como escreveria a uma dessas alunas, Ema Hermann (1912-1930), também convertida à fé católica: «Eu sou apenas um instrumento do Senhor. Quero apenas conduzir a Ele todos os que me procuram. E quando percebo que esta ou aquela pessoa não está interessada nisso, mas apenas em mim, já não consigo servir como instrumento e tenho de pedir ao Senhor que se digne ajudá-la por outros caminhos»[9]. E para servir de instrumento, a *Fräulein Doktor* («Senhorita Doutora»), como era universalmente conhecida na escola, começará pelo exemplo, persuadida de que «frei exemplo é o melhor pregador».

«Podíamos vê-la rezando ajoelhada no coro diariamente, durante a missa – conta uma das suas alunas. Essa simples atitude transmitia-nos uma ideia do que significa viver em perfeita harmonia com a fé. [...] Eu não saberia repetir nenhuma frase sua, talvez não tanto por não as ter

---

(9) Carta a Ema Hermann, cit. em Waltraud Herbstrith, ed., *Edith Stein, eine grosse Glaubenszeugin (Uma grande testemunha cristã)*, Plöger, 1986, p. 79.

guardado na memória, mas porque ela era silenciosa e reservada, e nos falava sobretudo pela sua maneira de ser».

Outra aluna escreve: «Morava num quarto simples, com muitos livros em largas estantes. Ali passamos nós, as mais velhas, alguns fins de tarde belos e interessantes, literalmente sentadas aos seus pés e bebendo as suas palavras. A dra. Stein era pequenina, mas de talhe gracioso; tinha um rosto pálido e usava o cabelo repartido ao meio. Uma covinha profunda no queixo tornava o seu rosto "interessante". Costumava mostrar-se séria e os olhos pareciam muitas vezes doloridos, mas sabia rir cordialmente conosco, sempre que havia algum motivo razoável. Nós a venerávamos de maneira extraordinária. A sua figura irradiava algo que nos comovia e cativava intimamente»[10].

Nos primeiros tempos após a conversão, a *Fräulein Doktor* pensava que dedicar-se inteiramente a Deus implicaria renunciar ao mundo e exercer apenas atividades que fossem uma forma de oração ou de obras de misericórdia. Em Speyer, começaria a compreender que «neste mundo se nos pede outra coisa, e que mesmo na vida contemplativa não se deve cortar o laço com as atividades temporais». Em 1928, escreveria: «Que também a ciência pode ser praticada como serviço a Deus, isso tornou-se claro para mim pela primeira vez graças a São Tomás de Aquino. Só depois dessa descoberta pude voltar a ocupar-me seriamente do trabalho científico. Hoje penso mesmo que, quanto mais uma pessoa mergulha em Deus, tanto mais precisa sair de si mesma e levar ao mundo a vida divina»[11].

Edith voltou, pois, a consagrar aos trabalhos filosóficos o tempo que lhe sobrava do magistério. Nos pri-

---

(10) Waltraud Herbstrith, ed., *Edith Stein...*, p. 79.
(11) *Lebensbildnis*, p. 79.

meiros anos, estudou a obra de Tomás de Aquino e descobriu que a fenomenologia se harmonizava em ampla medida com alguns dos pressupostos filosóficos do grande teólogo medieval. Por ocasião do septuagésimo aniversário de Husserl, publicou um ensaio em que expunha essa coincidência: *A fenomenologia de Husserl e a filosofia de São Tomás de Aquino*. Ao mesmo tempo, a conselho de alguns dos principais pensadores católicos do tempo, estudou também cuidadosamente a obra do cardeal Newman (1801-1890) e traduziu para o alemão as cartas e diários desse grande pensador, poeta e homem de oração inglês, alma da corrente renovadora da Igreja anglicana chamada «Movimento de Oxford» e mais tarde convertido ao catolicismo.

Num pequeno artigo intitulado *Caminhos para o silêncio interior*, Edith conta-nos como conseguia trabalhar muitíssimo sem sacrificar a vida interior. «A primeira hora do meu dia pertence a Deus. Peço-lhe que me permita tomar sobre mim a tarefa que Ele me tiver destinado para aquele dia e me dê as forças necessárias para levá-la a cabo. Assim quero aproximar-me do altar do Senhor. Aqui não se trata de mim nem dos meus insignificantes interesses, mas apenas do grande Sacrifício da Redenção, do qual me é permitido participar, que me purifica e me enche de alegria, no qual posso oferecer-me com tudo o que faço e sofro juntamente com Cristo sobre o altar. E quando Ele vem a mim na Sagrada Comunhão, posso então perguntar-lhe: "Que queres de mim, Senhor?" E nesse colóquio íntimo com Ele, dispor-me-ei a trabalhar naquilo que Ele me aponte como primeira tarefa.

«Quando enfrento o dia de trabalho depois dessa celebração matinal, faz-se em mim um solene silêncio: a alma esvazia-se de tudo o que a poderia perturbar e oprimir e enche-se de santa alegria, de coragem e de força; tornou-se grande e ampla porque saiu de si. O amor que o Senhor acendeu arde nela como uma chama suave, impelindo-a a devolver-lhe esse amor e a acendê-lo também nos outros. *Flamescat igne caritas, accendat ardor proximos* ["Erga-se em chamas o fogo do amor, e incendeie com esse ardor os próximos"]. A alma enxerga claramente qual é o próximo trecho do caminho que terá de percorrer; não vê longe, mas sabe muito bem que, quando chegar ao ponto onde agora se encontra o horizonte, um novo panorama lhe será desvelado»[12].

Estas últimas linhas lembram a conhecida poesia de Newman, *Lead on, kindly Light*, «Guia-nos, bondosa Luz». Também o poema a seguir, escrito por Edith, parece inspirar-se nele:

*Que esta pobre cega saiba seguir, Senhor, o teu caminho.*
*O que me mandas, não o quero compreender*
*— tua filha sou.*
*És da Sabedoria Pai, também meu Pai.*

*Se pelas trevas me quiseres conduzir, é rumo a Ti.*
*Senhor, o que quiseres, faze-o acontecer*
*— disposta estou!*

*Se nesta era não me quiseres saciar*
*— que seja assim!*
*Tu és Senhor do tempo, o «quando» é sempre teu; mas o teu eterno «agora», um dia será meu!*
*Os planos todos que em teu conselho preparaste, que cheguem a ser.*

---

(12) *Lebensbildnis*, p. 101 e segs.

*E quando me pedires, em silêncio, a dor,*
*ajuda-me a dar!*
*Que eu esqueça por inteiro*
*meu pobre eu, para que,*
*morta para mim, só por Ti viva*[13].

## Mais oração e mais trabalho

Em 1927, mons. Schwind morreu e Edith teve de buscar outro sacerdote que se dispusesse a orientá-la na sua vida interior. Um amigo, aliás também um conhecido intelectual, o pe. Erich Przywara, aconselhou-a a procurar a abadia beneditina de Beuron, que a professora visitou efetivamente na Semana Santa de 1928. Durante os cinco anos que se seguiram, essa seria por assim dizer a sua «pátria espiritual». Passou a dirigir-se com o abade, pe. Raphael Walzer, que a aconselhou a não entrar ainda no Carmelo, mas a continuar a exercer as suas atividades de filósofa e conferencista.

Na primavera de 1931, Edith teve de reconhecer «que São Tomás já não se satisfazia com as poucas horas que eu conseguia reservar-lhe: exigia-as todas», e decidiu deixar o colégio. Durante oito anos, tinha dividido o seu tempo entre as aulas e as alunas do colégio de Speyer, o estudo da filosofia escolástica e, mais recentemente, os pedidos

---

(13) «Lass blind mich, Herr, die Wege gehn,/ die Deine sind./ Will Deine Führung nicht verstehn,/ bin ja Dein Kind!/ Bist Vater dér Weisheit, auch Vater mir./ Führest durch Nacht Du auch,/ fiihrst doch zu Dir./ Herr, lass geschehn, was Du willst,/ ich bin bereit!/ Auch wenn Du nie mein Sehnenstillst/ in dieser Zeit./ Bist ja der Herr der Zeit./ Das Wann ist Dein./ Dein Ew'ges Jetzt, einst wird es mein./ Mach alles wahr, wie Ou es planst/ in Deinem Rat./ Wenn still Du dann zum Opfer mahnst,/ hilf auch zur Tat./ Lass überseh'n mich ganz/ mein kleines Ich,/ dass ich mir selber tot,/ nur leb'für Dich.»

de conferências por toda a Alemanha e Europa, cada vez mais numerosos[14]. Agora queria dispor de um período «de absoluto silêncio, para poder levar a cabo um trabalho muito absorvente».

Tratava-se da tradução das *Quaestiones disputatae de veritate,* as «Questões» ou «Controvérsias sobre a verdade», de Tomás de Aquino, que efetivamente foi publicada em dois volumes, em 1931 e 1932, respectivamente. Como salientou no prefácio Martin Grabmann, conhecido especialista em São Tomás, só uma pessoa familiarizada ao mesmo tempo com o pensamento escolástico e com a filosofia moderna seria capaz de empreender uma obra como essa – e Edith era essa «agulha no palheiro»[15]. E o pe. Przywara comentou numa resenha: «Trata-se de Tomás, somente de Tomás, mas de tal forma que se encontra frente a frente com Husserl, Scheler e Heidegger. A terminologia fenomenológica, que Edith Stein domina como filósofa criadora, não substitui em parte alguma a linguagem de Aquino, mas, apesar disso, abrem-se com facilidade portas que conduzem de um lado para o outro»[16].

Diante dessa obra de imenso peso acadêmico, os amigos aconselharam-na a tentar novamente a candidatura à

---

(14) Nos depoimentos coligidos mais tarde entre as suas alunas, é divertido ver alguma comentar: «As suas aulas tinham um nível muito elevado; com frequência, custava-nos acompanhar os seus altos pensamentos filosóficos». Não há dúvida de que a *Friiulein Doktor* estava talhada para um público mais exigente do que aquelas boas meninas do ensino médio. (N. E.)

(15) Só recentemente publicaram-se em português dois artigos dos doze que a compõem: Tomás de Aquino, *Verdade e conhecimento,* tradução, estudos introdutórios e notas de Luiz Jean Lauand e Mario Bruno Sproviero, edição bilíngue, Martins Fontes, São Paulo, 1999, 408 págs. Em latim, na edição Marietti, os doze artigos preenchem 569 páginas em duas colunas, letra apertadíssima, e praticamente sem notas. (N. E.)

(16) *Stimmen der Zeit (Vozes do tempo),* ano 61, pp. 385-386.

cátedra universitária em Freiburg e Breslau; afinal, já se tinham passado quinze anos, e quem sabia se os espíritos não andariam mais arejados nessa altura? Mas, mais uma vez, nada feito. «Ninguém deixa de reconhecer a qualidade do seu trabalho intelectual, dra. Stein», diziam as bocas. Mas nos olhos podia-se ler: «Só que, infelizmente, a senhora é mulher; e; como se não bastasse, ainda por cima é judia». Nessa época, já começavam a sentir-se os ventos nacional-socialistas, e não costumam ser muitos os que se dispõem a comprometer as suas carreiras e o seu prestígio quando preveem épocas turbulentas pela proa.

No entanto, ainda em começos de 1932 surgiu uma nova possiblidade. O prof. dr. Steffes, catedrático da Faculdade de Teologia e Diretor do Instituto Alemão de Pedagogia Científica de Münster, e Maria Schmitz, antiga presidente da Associação das Professoras Católicas, convidaram-na a aceitar o cargo de professora nessa entidade, que era o que hoje chamaríamos um instituto de extensão universitária. O público eram sobretudo professoras, tanto religiosas como leigas. As obrigações incluíam aulas e seminários sobre a formação da mulher, na sede de Münster, e conferências sobre esse tema por toda a Alemanha; ao mesmo tempo, entre os direitos anexos ao cargo estava o de ter todos os seus trabalhos publicados na revista do Instituto.

Edith foi morar na pensão *Collegium Marianum,* destinada a estudantes religiosas e leigas. No semestre do verão de 1932, deu um curso sobre os problemas da educação moderna da mulher, e no semestre do inverno de 1932--33, outro sobre a formação da pessoa humana.

Também aqui a sua simples presença exerceu uma influência crucial: «A minha amiga Helena e eu tínhamos um quartinho bem em frente ao dela – conta uma das suas alunas e colegas de pensão. Podíamos ver a luz da sua escrivaninha até tarde da noite; no entanto, na manhã seguinte ela era a primeira a chegar à capela, antes mesmo de todas as irmãs. Poucas vezes saía de casa e raramente podíamos vê-la no jardim. A sua vida consistia apenas em oração e trabalho.

«Era também muito modesta quanto aos resultados do seu esforço. Certa vez, Johann, o *factotum* da casa, montou no pátio um pequeno jardim de pedras com flores desabrochando; nessa ocasião, ouvi-a comentar:

"Com que rapidez esse homem conseguiu fazer uma coisa tão bonita, e como conseguimos pouco com o nosso trabalho!"»[17]. Sensação com que certamente estarão familiarizados todos os professores e os que se dedicam a algum trabalho de tipo intelectual.

Outros depoimentos informam-nos sobre aspectos mais centrais do seu caráter: «A sua simplicidade e modéstia marcaram-me a fundo. Falava devagar e calmamente, sem gestos, mas com plena clareza e acuidade de espírito. Tive também ocasião de vê-la diversas vezes absorta em oração na capela do Marianum. Era um verdadeiro acontecimento vê-la ali. Mergulhava de tal forma em Deus que nada era capaz de perturbá-la ou distraí-la. E quando a procurávamos, mostrava-se extremamente simples e solícita»[18].

Em setembro de 1932, participou de um congresso sobre Fenomenologia e Tomismo em Juvisy, nos arredores de Paris. Era a única mulher convidada pela Société Thomiste. Os principais filósofos tomistas da França, da Bélgica e da Alemanha, entre os quais Berdiaev e Maritain, desejavam estabelecer um debate sobre a orientação filosó-

---

(17) *Lebensbildnis*, p. 105.
(18) *Lebensbildnis*, p. 113.

fica que partia de Husserl e, para isso, não havia intérprete mais autorizado do que ela. Um dos participantes chegou mesmo a afirmar que a discussão foi dominada inteiramente por Edith: «Desenvolvia os seus pensamentos com tanta clareza, quando necessário até na língua francesa, que causou uma impressão extraordinariamente forte naquela assembleia de sábios»[19].

Este retrato estaria incompleto se não nos referíssemos às conferências que Edith pronunciou no período que vai de 1928 a 1933. Ocupam nada menos que dois dos (até agora) catorze volumes das suas *Obras completas,* que se vêm publicando desde 1983. Nos primeiros tempos, essas palestras foram organizadas pelo pe. Przywara; depois, a dra. Stein passou a ser chamada por diversos institutos e associações para falar em muitas cidades alemãs e outras do exterior, como Viena, Salzburg, Zürich...

Citemos apenas alguns títulos: «A ética do trabalho feminino», «A vocação do homem e da mulher segundo a ordem da natureza e da graça», «A vida cristã da mulher», «Fundamentos da educação feminina», «A missão da mulher como condutora da juventude», «A condição feminina», «Verdade e clareza no ensino e na educação», «Os tipos psicológicos e o seu significado para a pedagogia», «Educação eucarística» etc. Como se vê, versavam sobre diversos temas filosóficos, pedagógicos e religiosos, mas a atenção da pensadora dirige-se de preferência para os temas relacionados com a mulher.

Uma professora que teve ocasião de ouvi-la em diversas dessas conferências, Maria Wilkens, traça um retrato muito agudo de Edith: «Eu esperava uma imponente

---

(19) *Lebensbildnis,* p. 110.

dama judia, segura de si, uma grande intelectual como algumas das que eu tinha conhecido nos movimentos feministas liberais... Mas não havia nela nada de imponente: não era uma personalidade fascinante pelo porte ou pela genialidade. Era uma mulher franzina, delicada, corrente, vestida de maneira singela, mas elegante. Por trás de uma atitude quase infantilmente amável ao cumprimentar, os seus olhos pensativos escondiam qualquer coisa de contido, algo de secretamente jovial que ela refreava deliberadamente, e que despertava nos ouvintes quase uma espécie de temor (ao menos, foi o que aconteceu comigo). Falava com aprazível amenidade, sem retórica, com uma dicção clara, bela, nem um pouco rebuscada. Percebia-se, no entanto, uma grande força espiritual e uma vida interior disciplinada e riquíssima»[20].

Tudo o que Edith pôde compreender ao longo dos anos sobre o divino e o humano, por meio do estudo e da oração, transmitiu-o nessas conferências. Como pudemos ver, não fazia no seu trabalho filosófico dessa época essa espécie de distinção asséptica entre o sobrenatural e o natural que alguns consideram necessária; pelo contrário, apoiava o seu raciocínio sobre os dados da razão *e* da fé, sem pensar que essa atitude pudesse ser uma traição à racionalidade humana.

Afinal, diz-nos, «todo o nosso ser e devir e agir no tempo estão configurados para a eternidade, têm um sentido para a eternidade, e só produzem clareza para nós se e na medida em que os pusermos sob a luz da eternidade»[21].

---

(20) Waltraud Herbstrith, *El verdadero rostro de Edith Stein*, Encuentro, Madrid, 1990, p. 113.
(21) *Obras completas*, vol. V, p. 84.

Pois «a alma humana, já naturalmente, por ser espiritual, não pode morrer»[22], e «quem não encontra a Deus também não chega a si mesmo»[23]. Um pensador honesto não pode simplesmente escamotear parte – e uma parte central – da verdade, com a desculpa de que não é acessível aos seus sentidos. Se pessoalmente não tem fé, o simples rigor intelectual exige dele que ao menos não feche as portas à *possibilidade da fé*.

Certa vez, alguém criticou Edith por referir-se com frequência ao sobrenatural nas suas palestras, e ela redarguiu prontamente: «Se não fosse para falar desses temas, talvez nunca subisse ao estrado para fazer uma conferência. No fundo, o que tenho a dizer é sempre a mesma pequenina e simples verdade: que se pode começar a viver nas mãos de Deus. Quando as pessoas esperam de mim algo diferente e me propõem temas pretensiosos, só posso tomá-los como introdução para, por fim, chegar ao meu *ceterum censeo*»[24, 25].

## A mulher conforme a natureza e a graça

Nos seus anos de estudante, Edith fora uma ardente feminista e, como sabemos, teve de sofrer na própria carne

---

(22) Edith Stein, *Endliches und ewiges Sein (Ser finito e ser eterno)*, vol. 11 das *Obras completas*, 3a ed., 1986, p. 461.

(23) *Endliches und ewiges Sein*, p. 465.

(24) A expressão *ceterum censeo*, latina (significa «além disso, penso...»), usa-se para designar os temas a que uma pessoa retorna sempre e insistentemente. Atribui-se a sua origem a Catão, o Censor (234-149 a.C.): conta-se que, senador em Roma e inimigo acérrimo da cidade rival de Cartago, terminava todos os discursos perante a assembleia, fossem sobre o assunto que fossem (impostos, a importação de maçãs, o aumento do preço do trigo...), com as palavras: *ceterum censeo Carthaginem esse delendam*, «além disso, penso que Cartago deve ser destruída». (N. E.)

(25) *Lebensbildnis*, p. 104.

*Agosto de 1926.*

a discriminação de uma certa mentalidade contra o sexo feminino. Convertida ao cristianismo, não deixou de ser feminista, mas ganhou em serenidade e equilíbrio. Agora já não tinha apenas a razão, mas também os dados da fé para guiar o seu pensamento sobre a missão e a tarefa da mulher na sociedade e no mundo.

No seu ensaio-conferência sobre «A vocação do homem e da mulher segundo a ordem da natureza e da graça», escreveu: «No primeiro relato sobre a criação do homem (cf. Gn 1, 1 a 2, 4), fala-se da *diferença* entre homem e mulher. Mas a ambos se confia *conjuntamente* a tríplice tarefa de serem imagem de Deus, darem fruto na sua descendência e dominarem a terra»[26]. No segundo relato da criação (cf. Gn 2, 4-25), em contrapartida, está indicado de maneira mais clara que a mulher é *companheira* e *ajuda* do homem. Ou seja, *igual dignidade,* e ao mesmo tempo *complementaridade* e *diferenciação:* estas são as três características da mulher em relação ao homem, no pensamento de Edith Stein.

A diferença entre homem e mulher, mesmo dentro da igualdade essencial e radical que une os dois sexos na mesma natureza humana, é mais que acidental; não é apenas uma diferença biológica, quanto ao corpo, mas também diz respeito à alma. A *complementaridade* entre homem e mulher dá-se em todos os âmbitos da existência.

Edith distingue entre *vocação primária* e *secundária,* tanto no homem como na mulher. A vocação primária do homem seria o domínio sobre a terra, e nesse plano caberia à mulher o papel de colaboradora sua; por sua vez, a mulher teria como vocação primária a geração e educação dos filhos, e nesse plano não cabe ao homem senão o

---

(26) *Obras completas,* vol. V, p. 19.

papel de ajudante e protetor. Tendo sido ela mesma uma das primeiras mulheres a exercer a vocação profissional, não hesita em afirmar que a primeira vocação profissional da mulher é a construção da família. Isto não significa que ela relegue a mulher exclusivamente para as tarefas da casa: muito pelo contrário, defende energicamente a necessidade de uma formação profissional fora de casa, não só para a mulher solteira, como também para a casada; mas enxerga claramente o perigo que há em que a mulher deixe de ser «o coração da família e a alma da casa».

Cinquenta anos antes da chamada «segunda onda do feminismo», que teve de voltar atrás numa série de tomadas de posição excessivamente radicais, Edith aponta que é de vital importância para a mulher *encontrar a profissão adequada*. Pessoalmente, para que a profissão lhe permita desenvolver sem desesperos nem traumas a sua natureza feminina; e socialmente, para que tenha maior participação na construção deste mundo, contribuindo para um desenvolvimento mais humano, menos «objetivo» e materialista, da atual sociedade estupidificada pela impessoalidade técnica e pelos interesses económicos. «O acesso das mulheres aos mais variados ramos profissionais poderá significar uma bênção para a vida social no seu conjunto, para a vida privada e pública, precisamente se se fizer presente de acordo com o modo de ser especificamente feminino»[27] e não simplesmente numa tola imitação do modo de ser masculino.

Se a mulher e o homem têm igual dignidade, mas uma diferenciação específica que lhes permite serem mutuamente complementares no plano da natureza, o mesmo se dá no plano da graça que, conforme o clássico adágio

---

(27) *Obras completas*, vol. V, p. 17.

teológico, não destrói, mas aperfeiçoa a natureza. Homem e mulher são imagem de Deus, cada um à sua maneira; ambos são chamados à perfeição e à santidade, mas cada um ao seu modo.

Não se pode esquecer, neste sentido, que a relação entre os sexos experimentou uma degradação após o pecado original. No estado de inocência, o amor entre homem e mulher manifestava-se como entrega sacrificada de si mesmo, e não como egoísmo; após o pecado, o amor converte-se em busca de si e em mera satisfação do próprio instinto, e leva ambos, homem e mulher, a uma mútua escravização. Edith descreve essa situação com frase certeira, quando considera a submissão escravizante da mulher aos desejos do varão e a escravização deste aos desejos da mulher: «Acontece então facilmente – escreve ela – que o déspota se converte em escravo dos seus desejos e, com isso, em escravo da sua escrava»[28].

Como superar essa deterioração? Edith não hesita em afirmar que é necessária uma *libertação,* uma emancipação, uma redenção. No entanto, a «emancipação» proposta por alguns movimentos feministas não conduz à libertação, mas apenas à destruição dos valores da mulher e, portanto, a uma nova escravidão desta. Essa nova libertação ou emancipação tem de ser buscada por outro caminho. O seu modelo encontra-se em Maria, a única mulher autenticamente liberada e emancipada de toda a forma de escravidão.

Maria, Virgem e Mãe, propõe um ideal a toda a mulher, seja à que permanece virgem, seja à que é mãe. Posta ao lado de Cristo como nova Eva, nova Mãe de todos os viventes, mostra que na redenção da humanidade deve in-

---

(28) *Obras completas,* vol. V, p. 31.

tervir a mais pura relação de amor humano, a que existe entre mãe e filho. O matrimônio é uma realidade santa, querida por Deus; mas o amor matrimonial deve ter também esse caráter maternal, generoso, abnegado e inteiramente entregue ao cônjuge e aos filhos, que não busca nem a posse nem a mera satisfação pessoal.

Ao mesmo tempo, também Maria Virgem é modelo de toda a mulher – diz em outro ensaio-palestra. Virgindade e maternidade não são realidades antitéticas, mas realizações diferentes da mesma vocação feminina plena. A mulher que chega a ser mãe segundo a carne, embora por isso mesmo não conserve a virgindade corporal, deve buscar e exercer uma virgindade espiritual, isto é, a plena disponibilidade para o que Deus venha a pedir-lhe, a liberdade interior e o amor desinteressado que leva ao serviço e ao sacrifício. Por outro lado, a mulher que permanece virgem, quer porque deseja dedicar-se integralmente a Deus no mundo ou numa ordem religiosa, quer porque as circunstâncias simplesmente a conduzem a isso, embora não exerça a maternidade segundo a carne, deve exercer a maternidade segundo o espírito, isto é, um amor concretizado em espírito de serviço para com as outras pessoas, que brote do seu amor indiviso a Cristo, Esposo da sua alma.

Este é precisamente o ideal que deve guiar a mulher – afirma Edith – na sua vida profissional. Seja qual for a profissão que exerça, deve exercê-la *como um serviço maternal*. «Se desempenhar a sua missão como Maria, então irradiará luz e consolo no seu ambiente. É a mulheres assim que foi dada a missão de infundir paz e amor compreensivo na azáfama da tecnificada vida moderna»[29].

---

(29) *Obras completas*, vol. V, p. 217.

«Entregar-se amando plenamente, chegar a ser totalmente propriedade de outro e possuir totalmente esse outro, este é o desejo profundo do coração feminino [...]. No entanto, só Deus pode aceitar na sua totalidade a entrega de um ser humano, e aceitá-la de tal maneira que o ser humano não perca a sua alma, mas venha a ganhá-la. E só Deus pode dar-se a Si mesmo de presente a um ser humano de tal modo que preencha todo o seu ser, sem ao mesmo tempo perder nada de Si. Por isso, a doação absoluta de si é o princípio de toda a vida religiosa, e também a única maneira pela qual se torna possível o adequado cumprimento do desejo feminino»[30].

Em resumo, este é o retrato que Edith traça da mulher: «A alma da mulher deve ser ampla e aberta a tudo o que é humano. Deve ser cheia de paz, porque as chamas vacilantes se apagam na tempestade; deve ser quente para não enregelar as pequenas sementes; deve ser luminosa para que, nos cantos escuros, não cresçam ervas más; deve ser reservada, porque as interferências externas podem pôr em perigo a sua vida íntima; deve estar esvaziada de si para deixar um espaço amplo para os outros. E, acima de tudo, deve ser dona de si mesma e do próprio corpo, para que a sua personalidade esteja sempre pronta a servir em toda a necessidade»[31].

## A cruz sobre os ombros

A atividade de Edith no Instituto de Pedagogia, que tinha começado de modo tão esperançoso e promissor, encontrou um fim repentino apenas um ano depois. Em

---

(30) *Obras completas,* vol. V, pp. 37-38.
(31) *Obras completas,* vol. V, p. 332.

30 de janeiro de 1933, Adolf Hitler assumiu o cargo de chanceler e começou imediatamente a pôr em prática todas as medidas típicas dos governos totalitários, como a supressão dos partidos políticos e dos sindicatos, bem como as medidas destinadas à «purificação da raça», que era uma das suas obsessões; uma das primeiras foi a promulgação de uma lei que proibia todos os não-arianos de exercer qualquer tipo de magistério, público ou privado, bem como de ter acesso a qualquer cargo público. Era o fim da atividade docente da dra. Stein: «Então já não me resta nenhuma possibilidade de trabalhar na Alemanha», comentou laconicamente[32].

Em 25 de fevereiro, fez a sua última preleção. Antes de iniciar o semestre de verão, que começaria em março, pediu demissão voluntária do Instituto, para poupar ao supervisor a desagradável tarefa de comunicar-lhe o seu afastamento. Também teve de deixar de lado o plano de reforma do ensino superior para mulheres em que estava trabalhando.

O duro golpe não a apanhou desprevenida, uma vez que acompanhara a ascensão do partido nacional-socialista nas eleições de 1929, 1930 e 1932. Já tinha comentado em diversas conferências a prioridade do indivíduo sobre o Estado, «criatura sem alma, que não se pode amar nem adorar», com o que demonstrava claramente que não ignorava a ideologia totalitária que ia tomando corpo naqueles anos. Mas nunca fora do seu feitio imaginar tolamente que se pudesse compreender o real significado dos acontecimentos, mesmo dos políticos, em clave meramente socioeconômica; antes, buscava – ou vislumbrava – o seu significado autêntico, aquele que têm à luz da Providência divina.

---

(32) *Wie ich zum Karmel in Köln kam (Como fui para o Carmelo de Colônia)*, em *Lebensbildnis*, p. 144.

Em maio desse ano, escreveu à sua amiga Hedwig Conrad-Martius: «O fato de não poder dar aulas não é de lamentar: creio que por trás disso está uma grande e misericordiosa providência. Mas ainda não sei dizer-lhe onde está a solução para mim»[33]. Com outra amiga, comentava porém: «Sei que ainda devo sofrer muito por causa do judaísmo»[34]. E quando soube por um dos seus colegas de trabalho que os jornais americanos informavam sobre as crueldades perpetradas na Alemanha contra os judeus, «então – escreveu no seu esboço autobiográfico *Como fui para o Carmelo de Colônia* – fez-se subitamente uma luz em mim: mais uma vez, Deus tinha estendido duramente a sua mão sobre o seu povo, e o destino desse povo seria também o meu»[35]. A primeira reação foi de aceitação. Já então possuía aquela disposição interior que, um pouco mais tarde, manifestaria com as seguintes palavras: «O que não estava nos meus planos, estava nos planos de Deus.

Para mim, é cada vez mais forte a convicção de que, do ponto de vista de Deus, não existe o acaso, e que toda a minha vida, até nos seus pormenores, está predelineada no plano da divina Providência e, diante dos olhos de Deus, que tudo veem, está repleta de sentido. Agora, começo a esperar com satisfação pela glória do céu, à luz da qual esse sentido será desvendado também a mim»[36].

Como fazia todos os anos desde a sua conversão, viajou até Beuron para fazer um retiro espiritual durante a Semana Santa no mosteiro dos beneditinos e aconselhar-se com

---

(33) *Obras completas*, vol. VIII, pp. 137-9.
(34) Gerta Krabbel, *Selig sind des Friedens Wächter (Bem-aventurados os que guardam a paz)*, Regensberg, Münster, 1949, p. 236.
(35) *Lebensbildnis*, p. 116.
(36) *Lebensbildnis*, p. 7.

o pe. Walzer, seu diretor espiritual, sobre o rumo a tomar. No caminho, passou algumas horas em Colônia, com uma amiga judia que se estava preparando para receber o batismo. Juntas assistiram à chamada Hora Santa no Carmelo de Colônia-Lindenthal.

«Um sacerdote pregou o sermão – conta-nos ela –. Falava de maneira bela e comovente, mas não prestei muita atenção às suas palavras. Eu conversava com o Senhor e dizia-lhe que sabia que era a sua Cruz que agora tinha sido posta sobre o povo judeu. A maioria não o havia compreendido; mas aqueles que o sabiam deviam tomá-la voluntariamente sobre si em nome de todos. Eu queria fazê-lo. Ele só precisava mostrar-me como. Quando o serviço religioso terminou, tive a íntima certeza de que fora ouvida. Mas ainda não sabia exatamente em que consistiria esse "carregar a cruz"»[37].

Edith tocava aqui o próprio núcleo do cristianismo: o sacrifício de si mesmo que Cristo ofereceu ao Pai sobre o altar da cruz pela redenção do pecado dos homens pode ser, ou antes deve ser, repetido por cada um dos cristãos, por assim dizer «em pequena escala». O discípulo de Cristo é chamado a *carregar com a sua cruz* (cf. Mt 16, 24), a oferecer também ele o sacrifício de si mesmo a Deus, pelos pecados próprios e pelos dos outros. A *sua cruz* será aquela que o Senhor lhe puser sobre os ombros: sofrimentos, pequenos ou grandes, que Deus lhe dê a experimentar pelas circunstâncias da vida – as contrariedades, as humilhações, os fracassos, as dores, a doença –, e os pequenos sacrifícios voluntários que ele fizer por amor a Deus.

A convertida, que havia mais de onze anos assistia diariamente à santa missa – a renovação incruenta do Sacri-

---

(37) *Lebensbildnis*, p. 117.

fício de Cristo, pela qual cada cristão pode associar-lhe os seus pequenos sacrifícios –, tivera já muitas ocasiões de meditar neste mistério central. Nos últimos tempos, sobretudo, tinha-o ruminado com frequência; já em 1928, havia escrito: «Sou uma pobre, impotente e pequenina Ester, mas o Rei que me escolheu é imensamente grande e poderoso»[38], comparando-se à Ester bíblica que intercedera pelo povo hebreu diante do rei Assuero, segundo o livro de Ester.

## «No porto da vontade divina»

Após o seu regresso de Beuron, a presidenta da Associação de Professoras Católicas aconselhou-a a permanecer em Münster e prosseguir o trabalho já começado, oferecendo-se para arcar com as despesas. Ou ainda, a ir para o Chile, para uma escola vinculada à associação. Edith, porém, depois de considerar o assunto na oração, pensou que era chegada a hora de realizar o seu antigo objetivo: entrar no Carmelo. «Há quase doze anos, o Carmelo tem sido a minha aspiração. [...] Tive de esperar pacientemente, conforme o meu diretor espiritual me havia aconselhado, embora no final a espera se fizesse muito dura. [...] Conformei-me com isso, mas agora os obstáculos haviam ruído. A minha atividade chegara ao fim. Quanto à minha mãe, não preferiria ver-me num convento na Alemanha a ver-me partir para uma escola na América do Sul?»[39]

Em meados de maio de 1933, Edith deu os primeiros passos para a sua admissão no Carmelo de Colônia-Lin-

---

(38) Carta de 31.10.1928, em *Selbstbildnis in Briefen* (1916-1942) *(Autorretrato epistolar)*, vols. VIII e IX das *Obras completas*, 1977, 2ª parte, p. 317.
(39) *Lebensbildnis*, pp. 119-120.

denthal. Apesar de a sua idade – quarenta e dois anos – depor contra ela, as irmãs mostraram-se dispostas a aceitá-la. Apenas umas poucas das freiras do Capítulo sabiam quem era a ilustre postulante que tinham diante de si. Uma delas perguntou-lhe se sabia costurar bem, outra quis saber alguma coisa sobre Beuron; por fim, pediram-lhe que entoasse um salmo, o que «lhe custou mais do que falar diante de mil pessoas». Por fim, marcaram o dia quinze de outubro, festa de Santa Teresa de Ávila, para a sua entrada na clausura.

Por essa época, Edith pensou também em viajar a Roma e pedir ao Santo Padre que escrevesse uma encíclica em defesa dos judeus. Acabou por desistir da ideia, mas escreveu-lhe para expor esse pedido. Na ocasião, recebeu apenas uma resposta breve da Santa Sé, como é de praxe.

Convém lembrar que diversos bispos e sacerdotes alemães, como os cardeais Faulhaber de München e von Galen de Münster, haviam condenado repetidamente o nazismo desde 1923 e voltaram a erguer as suas vozes para denunciar as medidas aberrantes que o partido foi implantando pouco a pouco, como a esterilização dos portadores de deficiências físicas e mentais hereditárias, a estatização das empresas pertencentes a não-arianos etc. Também a Santa Sé bombardeou o regime com notas de protesto – nada menos que 46, entre 1933 e 1936 –, que foram sistematicamente ignoradas.

Hitler era demasiado esperto para perseguir abertamente a Igreja e assim indispor-se com a imensa maioria dos católicos alemães. Preferiu a tática do estrangulamento pelo silêncio: toda a voz que se erguesse contra o regime não só não encontrava repercussão alguma na imprensa (também os jornais católicos independentes foram fechados um após o outro), como recebia um revide imediato, mas indireto. Eram processos judiciais movidos contra os que protestavam e os seus colaboradores, que levaram mais de quinhentos sacerdotes à prisão; eram instituições eclesiásticas, palácios episcopais e conventos incendiados durante a noite, e os seus membros agredidos e intimidados; e eram sobretudo familiares dos denunciantes que se viam assaltados e espancados por agressores que a polícia, curiosamente, não conseguia encontrar.

Em 14 de março de 1937, Pio XI publicou a Encíclica *Mit brennender Sorge* («Com ardente preocupação»), que condenava de maneira contundente a doutrina totalitarista e racista do nacional-socialismo. Burlando a censura, quase onipresente a essas alturas, foi lida em todas as paróquias durante a missa. O regime acusou o golpe e contra-atacou implacavelmente: acentuou-se a propaganda anticlerical, muitos bispos foram agredidos em público e centenas de fiéis deportados para campos de concentração.

Mesmo assim, Pio XI não se cansou de denunciar o nazismo, que comparou repetidamente ao bolchevismo, «inimigos ambos de toda a verdade e de toda a justiça». Num momento em que o mundo inteiro se extasiava diante dos triunfos de Hitler, o «velho desarmado do Vaticano» parecia ser a única voz que ousava protestar, apesar de se encontrar preso à cama pela doença.

Quando Pio XII assumiu, em 1939, teve de manobrar com infinita cautela para não provocar novas represálias, não contra si, mas contra inocentes – como aconteceria na Holanda em 1942, conforme veremos adiante. Antes da guerra, não se cansou de prevenir a Alemanha e a Itália do que lhes aconteceria se invadissem a Polônia. Em 24 de julho de 1939, dirigiu ainda uma última mensagem ao mundo inteiro para prevenir o conflito armado. Quando a guerra rebentou, convocou os representantes diplomáticos dos diversos países beligerantes para tratar de evitar que a conflagração se estendesse. Organizou uma imensa rede assistencial que, no mundo inteiro, dedicou-se a levantar verbas e atender diretamente refugiados, feridos e órfãos, sem olhar a raça, religião ou nacionalidade. E, oficiosamente, encorajou toda uma rede subterrânea que abrigou no Vaticano e em centenas de conventos e instituições católicas da Itália milhares de judeus e outros perseguidos pelo nazismo, ajudando-os depois a fugir para o exterior. Não admira que, nas palavras de Roosevelt, tenha sido considerado «a personalidade mundial que mais trabalhou em favor da paz e para aliviar a sorte da humanidade».

Em agosto de 1933, Edith viajou para Breslau a fim de comunicar a sua decisão de entrar no Carmelo aos familiares, sobretudo à mãe. Preparou essa viagem pedindo a todas as amigas que rezassem por ela: «Estou certa de que você me ajudará a rezar pela minha mãe – escreve por exemplo a Gertrud von le Fort –, para que lhe seja concedida força para suportar a despedida e luz para entendê-la»[40]. Mas a notícia só foi bem compreendida pela sua irmã Rosa, que já se tinha convertido interiormente à Igreja Católica, embora por amor à mãe não ousasse manifestá-lo.

Edith encontrou a sra. Stein deprimida e sensivelmente envelhecida devido a múltiplas preocupações. Os negócios iam cada vez pior. Ela e os seus estavam sendo ameaçados pelo nazismo, e Ema queria emigrar para a América com o marido e os filhos. Somente depois de duas semanas é que perguntou a Edith o que pretendia fazer entre as freiras de

---

(40) Carta de 9.10.43, em *Obras completas*, vol. VIII, p. 152.

Colônia. À sua resposta, «viver com elas», como conta a própria Edith, «a mãe reagiu com desesperada relutância, e, desde então, a paz desapareceu para sempre».

No relato sobre o último dia que passou em casa – 12 de outubro, dia em que completou quarenta e dois anos –, percebe-se por trás da objetividade da autora a sua profunda dor. Esse dia era festivo para os judeus – o encerramento da Festa dos Tabernáculos –, e Edith acompanhou a mãe até a sinagoga, pois queria passar o maior tempo possível com ela. «Um orador de renome fez uma bela prédica», conta. «No caminho de ida, no bonde, não falamos quase nada. Como um pequeno consolo, eu lhe disse que o meu período inicial no convento seria apenas um tempo de teste, um noviciado. Mas isso em nada ajudou.

«– Se você decidiu fazer esse teste, sei muito bem que vai passar.

«Na volta, minha mãe quis que regressássemos a pé para casa: cerca de três quartos de hora, aos seus oitenta e dois anos! Mas tive de concordar, pois percebi que queria conversar comigo com mais calma.

«– Não foi bonito o sermão?

«– Foi, sim.

«– Então também é possível ser religioso sendo judeu?

«– Certamente, se não se conheceu outra coisa.

«Então, voltou-se desesperada para mim:

«– Por que, por que você foi conhecê-lO? Não tenho nada contra Ele, mas por que se fez igual a Deus?»[41]

Recordando aquelas semanas, Edith escreveria mais tarde: «A decisão foi tão difícil que ninguém sabia dizer-me com certeza qual era o caminho correto. Tive que dar o passo na escuridão da fé. Naquelas semanas, pensava

---

(41) *Lebensbildnis,* p. 129.

com frequência: qual de nós duas vai sucumbir, minha mãe ou eu? Mas ambas aguentamos até o último dia»[42].

A despedida, no dia seguinte, foi dura e amarga, embora no fim a sra. Stein a tivesse abençoado:

«– Que o Eterno esteja com você!»

Sem necessidade de explicitá-lo, ambas sabiam que a separação era para sempre. Quando se encontrava no trem para Colônia, depois das tormentas das últimas semanas, Edith sentiu-se «no porto da vontade divina».

Um dia depois da sua chegada a Colônia, era admitida na clausura do Carmelo. Foi com profunda paz que transpôs os seus umbrais.

---

(42) *Lebensbildnis*, p. 128.

# Na ordem da Bem-aventurada Virgem Maria do Monte Carmelo

## No sopé do Monte Carmelo

No seu pequeno escrito *Teresa de Jesus,* Edith oferece um breve relato da origem da Ordem dos carmelitas descalços:

«A Ordem tem um longo e glorioso passado. Como os seus fundadores, venera o profeta Elias que, com os seus discípulos, levou uma vida eremítica, de oração jejum, numa gruta do Monte Carmelo, em Israel. Quando a sua oração libertou a terra de muitos anos e seca, o seu olhar profético reconheceu – segundo as tradições da Ordem –, na pequena nuvem que anunciava chuva, a imagem da Virgem Mãe de Deus, portadora da graça divina. O Profeta deve ter sido o primeiro devoto da Mãe de Deus, e é bem possível que naquele monte tenha sido construído o primeiro santuário dedicado a Maria.

«No tempo das Cruzadas, os irmãos eremitas do Monte Carmelo tinham já uma organização regular; a seu pedido o patriarca Alberto deu-lhes, por volta de 1200, a Regra. Deviam meditar a Lei do Senhor dia e noite, na solidão e no silêncio, observar como nos tempos antigos um rigoroso jejum e, conforme a exortação do apóstolo Paulo, ganhar o modesto sustento com as próprias mãos.

«Quando os religiosos foram perseguidos pelos maometanos que conquistaram a Terra Santa, transferiram a Ordem para o Ocidente. Aqui tiveram a mesma sorte que diversas outras ordens religiosas no fim da Idade Média: a disciplina rigorosa dos tempos antigos cedeu lugar a um certo afrouxamento. O papa Eugênio IV mitigou a Regra original, e foi conforme esses princípios abrandados que se fundaram, no século XV, os primeiros conventos para mulheres»[1].

Foi num convento de carmelitas da Regra mitigada, o Convento da Encarnação em Ávila, que Teresa de Ahumada, a futura Santa Teresa de Jesus, pediu admissão e tomou o hábito a 2 de novembro de 1533. A maioria das suas irmãs observavam os regulamentos existentes, mas já nada havia do espírito rigoroso do Carmelo primitivo. Santa Teresa percebeu que o ambiente criado pela Regra vigente no convento da Encarnação não oferecia a possibilidade de uma autêntica vida de oração, e decidiu empreender a obra da reforma.

No entanto, para aquela freira extremamente bem disposta e sedenta de Deus, não bastava apenas cuidar da própria salvação, tanto mais que vivia num tempo em que milhares de almas se encontravam em permanente perigo: a Alemanha estava dividida pelo cisma, a França dilacerava-se em guerras religiosas, e toda a Europa mergulhava no

---

[1] Edith Stein, *Teresia von Jesu (Teresa de Jesus)*, em *Obras completas*, vol. XI, p. 15.

caos devido às heresias. Por isso, com a permissão dos seus superiores, Santa Teresa tomou a resolução de fundar, junto com algumas outras almas generosas, um pequeno convento onde se vivesse em todo o rigor a Regra primitiva; devia ser um lugar onde Deus fosse amado integralmente e o ideal da vida cristã realizado em plenitude, e que por isso mesmo transbordasse de alegria.

Apesar de enfrentar indizíveis dificuldades e hostilidades constantes, os conventos da Regra reformada espalharam-se por toda a geografia espanhola sob o impulso da Madre Teresa[2]. Após a sua morte, difundiram-se também na maior parte dos países europeus.

O Carmelo de Colônia, em que Edith Stein acabava de ingressar, existia há aproximadamente quarenta anos. Antes do *Kulturkampf*[3], as carmelitas possuíam um convento

---

(2) Para uma biografia da Madre Teresa e a história das suas fundações, veja-se Marcelle Auclair, *Teresa de Ávila*, 3ª ed., Quadrante, São Paulo, 2017. (N. E.)

(3) «Luta ou combate cultural», nome que se deu ao conflito entre a Igreja Católica e o Estado prussiano entre 1871 e 1883. O chanceler Bismarck suspeitava que o Concílio Vaticano I, que proclamou o dogma da infalibilidade papal e coincidiu com a declaração de guerra da França, não passava de uma conspiração contra a Prússia protestante, que acabava de unificar a Alemanha anexando os antigos principados católicos; como desforra, protegeu o teólogo Wollmann, que negava a infalibilidade, quando este foi excomungado pelo bispo de Enerland, sob a desculpa de que «não era culpa do catedrático se a Igreja tinha mudado a sua doutrina». Os protestos suscitados por esse incidente deram ao chanceler a ocasião de que precisava para iniciar uma perseguição em regra: suprimiu a divisão católica do Ministério de Cultos (e, com isso, todos os impostos que eram repassados à Igreja); substituiu os inspetores dos colégios, até então eclesiásticos, por funcionários civis, e expulsou os jesuítas.

O Papa Pio IX protestou e Bismarck revidou, fazendo aprovar pelo Parlamento as Leis de Maio, que suprimiam a jurisdição do Papa sobre o clero alemão, e aprovando a seita dos «católicos velhos», que se opunham ao dogma da infalibilidade; no ano seguinte, conseguiu promulgar ainda outras leis, que punham a Igreja Católica e a luterana sob a supremacia direta do Estado e suprimiam as ordens religiosas. Irritado pelos magros resultados obtidos – de 10 mil clérigos católicos,

*O Carmelo de Colónia-Lindenthal, como era antes da Segunda Guerra.*

nas dependências anexas à igreja de Sankt Gereon, uma das mais antigas da cidade. Como não tinham conseguido recuperá-lo depois de voltarem do exílio, haviam construído na rua Dürener, no subúrbio de Lindenthal, uma nova casa e uma igreja modesta.

Edith testemunhou repetidas vezes que tinha recebido uma especial vocação para o Carmelo. Sentia-se ligada a

---

apenas 30 se submeteram à sua «Igreja nacional» –, fez expulsar das suas sedes sete bispos dos doze que havia no território prussiano e encarcerar outros três.

No entanto, como precisava desesperadamente do voto dos deputados católicos para apoiar a sua campanha contra o livre-comércio, acabou por sacrificar o Ministro de Cultos, dr. Falk, autor das Leis de Maio, e substituí-lo pelo contemporizador Kamer. Depois da morte de Pio IX e da eleição de Leão XIII, aprovou-se um decreto que concedia ao imperador o poder de aplicar ou não as leis contra a Igreja, com o que estas ficavam tacitamente abolidas; e em 1883, o *kaiser* Frederico Guilherme IV visitou o Santo Padre, o que selou definitivamente a paz. (N. E.)

essa Ordem até por simples inclinação de temperamento. Além disso, a devoção mariana própria do espírito carmelita correspondia ao seu grande amor pela Mãe de Deus, e a tradição que vinculava a Ordem ao profeta Elias, tão importante para os hebreus, atraía-a fortemente. E não precisamos recordar a sua admiração e gratidão pela autora do *Livro da vida,* que lhe tinha mostrado o caminho da Verdade e da Igreja.

A dedicação abnegada de Teresa de Ávila a Deus, o seu amor generoso pela santa Igreja e por todas as almas, o seu incansável espírito de sacrifício em favor do Reino de Cristo, faziam soar na alma de Edith, tão semelhante à da Santa, as mesmas cordas. A Madre fundadora tinha escrito: «O mundo está ardendo, querem tornar a sentenciar Cristo [...], querem deitar por terra a Sua Igreja, e havemos de gastar tempo em coisas que, se Deus [no-las] desse, teríamos porventura uma alma a menos no Céu? Não, minhas irmãs; não é tempo de tratar com Deus negócios de pouca importância. Para que o mal não seja tanto, quisera não ver perder-se mais um só dia. Ó, irmãs minhas em Cristo! Ajudai-me a suplicar isto ao Senhor, que para isto vos juntou Ele aqui. Esta é a vossa vocação; estes hão de ser os vossos negócios; estes hão de ser os vossos desejos; aqui as vossas lágrimas; estas as vossas petições»[4].

Estas palavras, dirigidas às primeiras irmãs do convento de São José de Ávila, por meio das quais a santa Madre tinha traçado as linhas fundamentais da vocação carmelita, nada haviam perdido da sua atualidade e da sua energia. É possível que Edith percebesse, melhor do que qualquer dos seus contemporâneos, que também no seu tempo grandes coisas estavam em jogo, que pecados

---

(4) Santa Teresa de Ávila, *Caminho de perfeição*, I, 4-5.

enormes exigiam uma rigorosa penitência e que a Cruz de Cristo pesava sobre o seu povo. Assim se explica, ao menos em parte, o seu crescente desejo de ingressar no Carmelo e a sua profunda alegria quando finalmente lhe foi possível dar esse passo.

Poucos dias depois do seu ingresso, escreveria estas linhas, referindo-se de passagem aos nazistas: «Agora estou no lugar ao qual pertencia há muito tempo; e não penso que seja o caso de censurar aqueles que me prepararam o caminho para cá, embora não fosse esta a sua intenção»[5]. Não ignorava as dificuldades que a esperavam: o Carmelo representava para ela esse monte escarpado que era preciso escalar desde o sopé. Mesmo assim, sabia que era «uma graça mais do que imensa poder seguir esse caminho»[6].

## A nova vida

A nova vida que começava para Edith, e que ela comparava à subida de uma alta montanha, antes parecia uma descida aos que a viam de fora. A célebre conferencista e filósofa, que tivera horizontes tão dilatados diante de si, teria agora de adaptar-se a uma pequena comunidade conventual e à sua disciplina.

Exigir-se-iam dela serviços a que não estava acostumada, monótonos afazeres domésticos que absorveriam toda a sua atenção, trabalhos manuais que pareciam muito fáceis às afeitas, mas que supunham para ela dificuldades maiores do que a solução de difíceis questões filo-

---

(5) *Lebensbildnis*, p. 138.
(6) *Lebensbildnis*, p. 138

sóficas. A isso se somava o ambiente inteiramente novo e diferente daquele a que estava acostumada. Já não estaria cercada por colegas que compartilhassem o seu modo de ser e as suas preocupações, nem por estudantes ávidos de saber, mas por pessoas simples na sua maior parte, cuja formação raramente ultrapassava a média.

A professora universitária, habituada aos amplos aposentos acadêmicos e a frequentes viagens, que dispunha do seu tempo de oração, estudo e repouso segundo o seu próprio critério, agora teria de submeter-se a um horário fixo e a uma superiora desconhecida. Uma cela de três metros quadrados tornar-se-ia todo o seu espaço; passaria boa parte do seu dia entre essas quatro paredes caiadas de branco, cuja monotonia era quebrada apenas por uma cruz de madeira sem o Crucificado, duas estampas dos santos fundadores dos carmelitas descalços, João da Cruz e Teresa de Ávila, e uma singela pia de água benta. Não teria à sua disposição senão a mobília estritamente necessária: uma cama simples com colchão de palha e rústicos cobertores de lã, uma pequena mesa nua com um estojo de costura e um banquinho, a bacia e o jarro de louça para lavar-se...

Os primeiros sacrifícios que Edith fez para adaptar-se ao espírito do Carmelo pertencem inteiramente à história secreta da sua alma com Deus. Sempre guardou escrupulosamente o «segredo do Rei». Desde o primeiro dia da sua vida na Ordem, entregou-se ao cumprimento da Regra com absoluta seriedade, sem admitir exceções, sem nada exigir em troca. Essa incondicionalidade correspondia ao seu caráter, e talvez também ao do seu povo.

Husserl, que também era judeu e amava Edith como uma filha, levou algum tempo para conformar-se com a sua entrada no Carmelo. Mais tarde, resumindo a sua opinião sobre ela, disse: «É curioso: Edith parece contem-

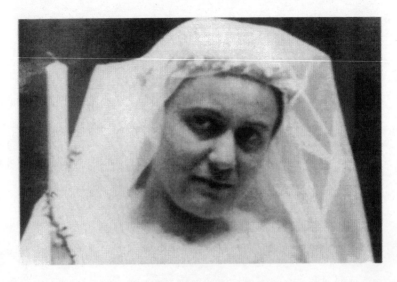

*Na cerimónia de noviciado.*

plar a claridade e a amplidão do horizonte do alto de uma montanha, com admirável transparência e serenidade; e no entanto, conserva a tendência à introspecção, a voltar-se para dentro, para a perspectiva do seu eu. Se não fosse tudo absolutamente autêntico nela, eu diria que há nisso qualquer coisa de afetado e artificial. Contudo, no judeu encontram-se ao mesmo tempo o radicalismo e o amor até ao martírio»[7].

Depois do período de postulantado, Edith tomou o hábito de Nossa Senhora do Monte Carmelo no dia 15 de abril de 1934. Recebeu também um novo nome, *Theresa Benedicta;* e, como «título de nobreza» – como as carmelitas gostam de dizer –, o complemento *a Cruce,* da Cruz. Na sua forma latina, esse nome tanto podia significar «Benedita da Cruz» como «Abençoada pela Cruz».

---

(7) *Lebensbildnis,* p. 156.

À cerimônia de tomada de hábito, oficiada pelo provincial da Ordem, compareceram muitos amigos de Edith: eclesiásticos, professores universitários, ex-colegas de estudo e alunas. À missa solene, seguiram-se as cerimônias de imposição do hábito, que principiavam com um diálogo claro e audível entre o superior e a postulante, diante de todos:

– Que desejas?

– A misericórdia de Deus, a pobreza da Ordem e a companhia das irmãs.

– Estás decidida a perseverar na Ordem até a morte?

– Assim espero e desejo, amparada pela misericórdia de Deus e pela oração das irmãs.

A cerimônia encerrou-se com a bênção: «O Senhor, que te conduziu até nós, despoje-te do homem velho com todas as suas obras». Como símbolo do desnudamento interior, a postulante despiu o vestido nupcial que trazia e foi revestida com o hábito de burel pelas monjas e pelo superior. A seguir, prostrou-se de braços abertos, como sinal de que se dispunha a morrer para o mundo, até a mestra de noviças lhe acenar que se levantasse.

O professor Peter Wust, de Munique, participou das cerimônias, e relatou as suas impressões na *Kolnische Volkszeitung* («Diário Popular de Colônia»): «Pude acompanhar, admirado e como que atordoado, cada uma das etapas litúrgicas, até a comovente cena final em que a noviça, sob o canto do *Veni Creator Spiritus,* abraçou uma a uma as suas irmãs de hábito. A seguir, conduzida por elas ao centro do presbitério, dirigiu-se ao coro: de frente para o coro, de costas para o mundo. Era já a "irmã Benedita", a "abençoada" com a verdade, com a plenitude da verdade. Permaneci ainda um bom tempo diante da clausura, refletindo sobre o longo e simbólico caminho que ela tinha percorrido: de Husserl, passando por Tomás de Aquino, até aqui; sim, até aqui. E então a severidade da Regra mandava que me despedisse definitivamente, e os nossos caminhos separaram-se rigorosa e inexoravelmente: de costas para o mundo, de frente para o mundo»[8].

## «Abençoada pela cruz»

Como o diz a própria palavra, a conversão de Edith Stein fora uma mudança de direção: um desviar-se de si mesma e um voltar-se para Deus. Ele passara a ser o seu centro; em torno dEle passavam a girar todos os seus pensamentos, para Ele passavam a inclinar-se todos os seus anseios. Agora, aquela que tinha falado tanto da missão do cristão nos seus escritos e conferências, havia encontrado a sua missão concreta, a entrega total a Deus na Ordem de Nossa Senhora do Monte Carmelo. Entre o primeiro passo e este outro havia plena continuidade.

A sua decisão surpreendeu os que não conheciam a sua evolução interior, mas também causou uma certa consternação entre os que a conheciam mais de perto. Mediam a enorme distância que havia entre a sua vida anterior e a de uma carmelita de estrita observância, e acreditavam que a transição de uma para a outra seria – como disse o próprio pe. Walzer – «um passo excessivamente ousado, mesmo para uma alma heroica como a de Edith Stein». Afinal, tratava-se de uma mulher feita.

Contudo, o abade de Beuron em breve reconheceu que se tinha enganado. A irmã Benedita assegurou-lhe

---

(8) *Lebensbildnis*, p. 150.

que no Carmelo se sentia de corpo e alma em casa. E os anos que se seguiram demonstraram da maneira mais cabal a verdade dessas palavras, a tal ponto que, depois da morte de Edith, o próprio abade escreveria: «Ela foi para o Carmelo como uma criança que corre para os braços de sua mãe cantando alegremente, sem lamentar por um minuto sequer esse fervor quase cego. E não se tinha a tentação de pensar que fosse algum milagre extraordinário da graça; pelo contrário, tudo parecia ser o resultado de uma evolução natural do seu espírito, do seu amadurecimento sobrenatural»[9].

Quando ainda era leiga, Edith tinha formulado numa conferência o seu ideal da vida religiosa, expondo como motivo, princípio e fim dessa vida a «entrega plena a Deus, em amor abnegado, deixando findar a própria vida para dar lugar à vida divina». «Quanto mais perfeitamente se realizar esse ideal – continuava –, tanto mais abundantemente a vida de Deus se derramará na alma. A vida divina é amor transbordante que se entrega com liberdade e se inclina com misericórdia sobre todo o ser necessitado; amor que cura os doentes e desperta os mortos para a vida; amor que protege, alimenta, ensina e educa; amor que se entristece com os que se entristecem e se alegra com os que se alegram; que se põe a serviço de cada criatura, para que ela se torne aquilo que o Pai determinou para ela. Numa palavra, é o amor do Coração divino»[10].

Assim, como diz o pe. Walzer, a irmã Benedita não precisou «sofrer uma grande transformação ou aprender algo de essencialmente novo». No Carmelo, pôde concentrar imediatamente todas as suas aspirações no ideal

---

(9) *Lebensbildnis*, p. 155.
(10) *Lebensbildnis*, p. 164.

que Santa Teresa tinha dado às suas filhas: viver na pobreza, no recolhimento, na oração permanente e na observância cuidadosa da Regra e no abandono integral em Deus, «a exemplo dos santos eremitas do Monte Carmelo». Mas essa vida de isolamento devia ser, conforme a vontade e o modelo da santa Fundadora, uma vida apostólica. Por isso, a irmã Benedita esforçava-se, antes de mais nada, por viver a vida que tinha escolhido «cada vez com mais fidelidade e pureza, a fim de poder oferecê-la como um sacrifício aceitável por todos aqueles a quem estava ligada»[11].

Por puro espírito de sacrifício, Edith pedira aos seus amigos intelectuais, ainda antes da sua entrada no Carmelo, que não solicitassem aos superiores da Ordem, nem direta nem indiretamente, que lhe fosse permitido continuar a sua atividade intelectual. No entanto, o provincial, por iniciativa própria, autorizou-a já durante o noviciado a refundir um extenso ensaio inacabado que ela tinha trazido consigo, *Ato e Potência,* e que ao cabo de alguns anos haveria de tornar-se uma das suas obras-mestras, *Ser finito e ser eterno.*

Esse privilégio, bastante excepcional, não deixava de trazer consigo uma ampla medida de sacrifício. A Regra determinava que não se devia trabalhar mais de duas horas seguidas numa mesma tarefa; e embora esta norma fosse prejudicial ao trabalho intelectual, que exige uma concentração intensa e contínua, a irmã Benedita cumpriu-a em consciência, com uma fidelidade exemplar. E nesse espaço de tempo tão exíguo, não só encontrou tempo para reformular esse ensaio, como ainda para elaborar um índice para a sua tradução do *De veritate* de São Tomás, para

---

(11) *Lebensbildnis,* p. 158.

redigir três pequenas biografias – uma de Santa Teresa de Ávila – e escrever um tratado sobre *A oração da Igreja*.

Além desse apostolado escrito, Edith também praticava o da palavra. Diversas moças hebreias convertidas ao cristianismo gostavam de aconselhar-se com ela sobre dúvidas relativas à fé e à profissão; o professor Peter Wust, o pe. Przywara, Gertrud von le Fort e outras personalidades do tempo vinham discutir com ela questões candentes da atualidade, mostrar-lhe os seus trabalhos literários e receber sugestões. Numa carta, a irmã Benedita conta o que significavam para ela essas visitas: «Quando alguém vem a nós arrasado e abatido, e ao sair leva consigo um pouco de paz e de confiança, isso me deixa muito feliz [...]. A confiança que depositam em nós, e a opinião espantosamente elevada que muitos lá fora têm da nossa vida, é sempre um novo estímulo»[12].

Quando estava para terminar o ano de noviciado, a irmã Benedita resumiu numa carta a Gertrud von le Fort as suas impressões: «Você não imagina quanto me envergonho quando falam da nossa "vida sacrificada". Vida sacrificada era a que eu levava quando estava fora. Agora foram-me tirados quase todos os estorvos e tenho em plenitude o que me faltava. É bem verdade que há algumas entre nós que reclamam diariamente dos grandes sacrifícios que julgam fazer. Quanto a mim, espero que venha a sentir um pouco mais dessa minha vocação para a cruz, pois até agora o Senhor me tem tratado como a uma criança pequena»[13].

No dia 21 de abril de 1935, a irmã Benedita fez os votos temporários. A neoprofessa nadava em felicidade; quando

---

(12) *Lebensbildnis*, p. 158.
(13) Carta de 31.01.1935, em *Obras completas*, vol. IX, p. 28.

uma postulante lhe perguntou como se sentia, deu-lhe esta surpreendente resposta: «Como a noiva do Cordeiro». No entanto, um comentário que fez poucos dias depois dá-nos a impressão de que o Senhor já lhe havia mostrado como deveria «carregar a cruz pelo seu povo». No decorrer de uma conversa, uma amiga professora disse-lhe que esperava que ela estivesse a salvo no Carmelo das tropelias que começavam a cometer-se contra os judeus. Edith replicou rapidamente: «Oh, não, não creio nisso. Com certeza virão buscar-me aqui. Em todo o caso, não devo contar com que me deixem em paz». E acrescentou estar certa de que teria de sofrer pelo seu povo e de que a sua missão seria «trazer muitos de volta para casa»[14].

Numa carta escrita mais tarde, comentava ainda: «Também a prontidão em deixar até o nosso querido lar faz parte do desprendimento. Nós nos comprometemos a respeitar a clausura, mas Deus não se comprometeu a deixar-nos sempre entre os seus muros. Ele não precisa deles, pois tem outros muros para nos proteger. [...] Podemos, é claro, pedir-lhe que nos seja poupada essa experiência, mas somente se fizermos séria e honestamente este adendo: "Seja feita a vossa Vontade e não a minha"»[15].

A bem da verdade, não é que lhe faltassem sacrifícios. Durante anos, a irmã Benedita suportou sem a menor queixa que a mãe não respondesse a nenhuma das cartas que lhe escrevia semanalmente. A notícia da sua morte, em 1936, pôs fim às suas esperanças de ainda a ver recebida «de volta em casa», no seio da Igreja, mas não provocou nela o menor assomo de revolta. Pelo contrário, aceitou serenamente mais essa disposição da Providência, e manteve sempre a firme

---

(14) *Lebensbildnis,* p. 69.
(15) *Lebensbildnis,* p. 204.

esperança de que, «como a sua mãe tinha vivido com plena fé e confiança no seu Deus desde a mais tenra infância até os 87 anos, e como esses tinham sido também os seus únicos sustentáculos na agonia, ela certamente encontrou um Juiz muito misericordioso. A partir desse momento, haveria de tornar-se a sua mais fiel ajudante no serviço a Cristo»[16].

Se Edith não conseguiu trazer a sua mãe para Cristo, mostrou à sua irmã Rosa o caminho da Igreja. Rosa tinha observado sem preconceitos, desde o início, a transformação interior da sua irmã mais nova, e procurara instruir-se sobre a fé católica. Por causa da mãe, tinha adiado a conversão, mas logo que esse obstáculo deixou de existir acorreu a Colônia a fim de receber o batismo. A irmã Benedita tinha acabado de sofrer um pequeno acidente e por isso encontrava-se hospitalizada fora da clausura; assim pôde conversar longamente com Rosa naqueles dias e assistir também à cerimônia da sua recepção na Igreja Católica.

Na poesia que lhe dedicou nessa ocasião, pôs estas palavras na boca da recém-batizada:

*Agora que Te possuo, nunca mais Te deixarei. Aonde quer que vá o caminho da minha vida, Tu estarás ao meu lado.*
*Já nada poderá separar-me do teu amor*[17].

## A profissão

Os votos solenes numa Ordem religiosa recebem também o nome de «profissão», isto é, confissão ou testemunho

---

(16) *Lebensbildnis*, p. 176.
(17) «Nun hab ich Dich und lass Dich nimmermehr./ Wo immer meines Lebens Strasse geht, bist Du bei mir./ Nichts kann von deiner Liebe je mich scheiden»; *Lebensbildnis*, p. 179.

*Em Colônia, fins de dezembro de 1938.*

público de uma adesão irrevogável. Dificilmente haveria palavra mais adequada para designar o período de vida que Edith inaugurou no dia 21 de abril de 1938.

Os símbolos habituais nessas cerimônias – como o véu preto que cobre a cabeça e simboliza o sacrifício; a coroa de rosas, que alude ao noivado com Cristo; e a prostração em forma de cruz, que recorda a disposição para a morte mística –, acentuam todos o caráter definitivo da entrega plena a Cristo. Simultaneamente, convidam à atitude que São Paulo condensa nestas palavras: *Quanto a mim, livre--me Deus de gloriar-me senão na Cruz de Jesus Cristo senhor nosso, por quem o mundo está crucificado para mim e eu para o mundo* (Gl 6, 14).

Quando a professa se levantou do chão, o seu nome era mais do que um símbolo: agora era realmente *Benedicta a Cruce,* a «abençoada pela Cruz», a noiva do Crucificado. Acabava de proclamar de maneira definitiva que estava disposta a carregar com a cruz de Cristo por todos, sempre e em toda a parte. Oferecera os seus ombros ao Senhor, livremente e de bom grado.

Não teria de esperar muito para que Ele aceitasse esse oferecimento.

Não somente os judeus, mas também os ex-judeus e todos os que os protegiam ou tinham algum tipo de relação com eles estavam sendo ameaçados pelo nazismo. Para evitar que o Carmelo de Colônia corresse perigo devido à sua presença, a irmã Benedita pediu permissão aos superiores para buscar um lugar num convento em país estrangeiro. A priora considerou que era uma decisão prematura, e proibiu-a de tocar no assunto diante das outras irmãs, para não causar inquietações às mais timoratas. Edith submeteu-se sem maiores comentários.

Passados apenas uns poucos meses, porém, deu-se um acontecimento que não deixava mais nenhuma dúvida de que a irmã Benedita e, por sua causa, todo o Carmelo de Colônia corriam grande perigo. Os nazistas estavam em plena campanha para conseguir que Hitler fosse eleito Presidente do Reich em eleições diretas. Ao mesmo tempo, os figurões do partido vinham intensificando sistematicamente a política de intimidação dos católicos, confiscando conventos, expulsando os religiosos, movendo processos ruidosos contra sacerdotes e freiras e fazendo-os condenar à prisão, saqueando igrejas etc., de forma que muitos tinham medo de declarar-se contra o *Führer*. Além do mais, o resultado das eleições já estava decidido de antemão...

No dia da eleição, uma delegação da Comissão Eleitoral apresentou-se com uma urna no Carmelo e declarou que pretendia poupar às irmãs a necessidade de sair da clausura, permitindo-lhes votar no locutório. A priora, que percebeu imediatamente o verdadeiro motivo daquela medida tão amável na aparência, alegou que já tinham obtido permissão para sair e que, como se tratava de uma eleição pública, estavam dispostas a votar publicamente. Mas aqueles senhores não concordaram e as carmelitas tiveram de conformar-se. Ao conferir a lista das votantes, o presidente do comitê notou que a irmã Benedita não tinha votado. Perguntou à Madre por que essa irmã não tinha cumprido o seu «dever patriótico», e depois de algumas hesitações obteve a resposta: «Ela não é ariana». Os três membros pareceram genuinamente surpreendidos: «Então – exclamou um deles –, escreva aqui que ela não é ariana!» A seguir, deixaram o Carmelo às pressas[18]. Edith estava marcada.

Chegou o dia 9 de novembro, a tristemente célebre *Kristallnacht* (Noite dos cristais) com as suas agressões contra os judeus, as sinagogas incendiadas, as lojas e casas dos judeus e dos seus amigos e protetores saqueadas. Quando Edith teve notícias desses acontecimentos, excla-

---

(18) *Lebensbildnis*, p. 193.

mou, cheia de dor: «É a sombra da cruz que se projeta sobre o meu povo. Oh, se ele caísse em si! É o cumprimento da maldição que meu povo chamou sobre si. Caim tem de ser perseguido, mas ai daquele que tocar em Caim! Ai desta cidade e deste país quando Deus se vingar deles pelo que hoje acontece aos judeus!»[19].

A priora percebeu que já não podia adiar mais a decisão sobre o futuro da irmã Benedita. Solicitou ao Carmelo de Echt, na Holanda, que a acolhesse, e em breve recebeu a resposta positiva.

## «O senhor calca o mosto»

No dia 31 de dezembro de 1938 a irmã Benedita despediu-se do Carmelo de Colônia-Lindenthal. Pressentia que era para todo o sempre.

Um médico amigo, o dr. Paul Strerath, levou-a para a Holanda de automóvel, numa viagem sem maiores incidentes. A irmã quis fazer, no caminho, uma visita à imagem de Nossa Senhora Rainha da Paz, no lugar onde se tinha construído o primeiro Carmelo na Alemanha. Ao anoitecer, os dois chegaram a Echt. Edith não era uma completa desconhecida ali, pois já mantivera correspondência com a priora. No entanto, «a sua atitude simples e despretensiosa, bem como o tato sutil e a bondade de alma, conquistaram-lhe logo os corações da nova comunidade», anotaram as irmãs de Echt. «Naquela noite, mostrava uma fisionomia especialmente séria, provavelmente

---

(19) *Lebensbildnis*, pp. 194-195.

por causa da dolorosa despedida do seu querido Carmelo de Colônia»[20].

A aldeia de Echt, no Limburg holandês, já tinha acolhido anteriormente carmelitas de Colônia, no tempo do *Kulturkampf*. Muitas religiosas de lá eram alemãs, e só recentemente tinham deixado de usar essa língua nas práticas religiosas. Mesmo assim, em poucos meses a irmã Benedita aprendeu também o holandês, que veio somar-se às seis línguas que já sabia. Procurou, além disso, fazer-se útil: «Sempre estava disposta a ajudar em tudo. [...] No trabalho, era a primeira a chegar; nunca se retraía das tarefas mais simples, embora não tivesse nenhum jeito para elas. Na lavagem da roupa, era terrivelmente desastrada»[21].

O verão de 1940 trouxe-lhe uma grande alegria: depois de vender a casa e os pertences da família em Breslau e de vencer uma infinidade de obstáculos e dificuldades, Rosa conseguiu chegar a Echt. Como era muito versada nos trabalhos domésticos e extraordinariamente prática, ao contrário da irmã, o Carmelo acolheu-a com satisfação, confiando-lhe a portaria externa[22]. Em breve, tornou-se membro da Ordem Terceira[23] de Nossa Senhora do Monte Carmelo, e gostava de passar quase todas as suas horas vagas diante do Santíssimo Sacramento. Só tinha conseguido trazer uma pequena parte dos seus pertences, mas mesmo assim desprendia-se com gosto deles quando aparecia algum necessitado.

---

(20) *Lebensbildnis*, p. 196.
(21) *Obras completas*, vol. X, pp. 130 e 133.
(22) Encargo reservado a leigas, que implica em fazer as compras, supervisionar a entrega de víveres, receber os visitantes etc. (N. E.)
(23) Hoje Ordem secular. (N. E.)

*O carmelo de Echt.*

Também aqui a irmã Benedita teve permissão para exercer o seu trabalho filosófico e literário. Preparou o índice remissivo e onomástico detalhado da sua principal obra filosófica, *Ser finito e ser eterno*, e escreveu diversos pequenos trabalhos: *Os intelectuais, Amor por amor, As núpcias do Cordeiro* e *Caminhos para o conhecimento de Deus*. À sua veneração pelos fundadores da Ordem, devemos *Santa Teresa como mestra* e *A expiação mística de São João da Cruz*.

A irmã Benedita e Rosa Stein entregavam-se aos seus trabalhos na tranquila regularidade do horário do Carmelo. Enquanto na Alemanha prosseguiam a perseguição aos judeus e a opressão às Igrejas cristãs, na Holanda as duas irmãs pareciam estar fora de perigo. Mas Edith não se deixava iludir por essa aparência de paz, como já o previra no seguinte poema, escrito em 1934:

> *O Senhor calca o mosto*
> *nas suas vestes encarnadas.*
> *Varre a terra com haste de ferro*
> *e mão poderosa.*
> *O estrondo da tempestade anuncia*
> *a sua chegada final.*
> *Ouvimos o terrível ruído, Mas só*
> *o Pai sabe a hora*[24].

Mas não pensemos que fosse uma personalidade algo neurótica ou «iluminada»; pelo contrário, vazava em ação cotidiana e miúda aquilo que tinha escrito num artigo sobre o mistério do Natal: «Quem há que possa participar do Santo Sacrifício, com o espírito e o coração abertos, sem ser arrebatado pelo sentido do sacrifício,

---

(24) «Es tritt der Herr die Kelter,/ Und rot ist sein Gewand./ Er fegt mit eisemem Besen/ Gewaltig über das Land./ Er kündet im Sturmesbrausen/ Sein letztes Kommen an./ Wir hören das mächtige Sausen./ Der Vater allein weiss das Wann»; *Lebensbildnis,* p. 196.

sem ser tomado pelo desejo de que ele mesmo e a sua pequena vida pessoal sejam absorvidos na grande obra do Salvador?»[25].

Nessa época, dedicava todos os seus momentos livres e ainda parte da noite a uma obra que lhe tinha sido pedida para o quarto centenário do nascimento de São João da Cruz. Chamava-se *A ciência da Cruz.*

---

(25) Edith Stein, *Das Weihnachtsgeheimnis. Menschwerdung und Menschheit (O mistério do Natal. Encarnação e humanidade),* Borromäus-Verein, Bonn, 1948.

# A ciência da Cruz e a escola da Cruz

## A escola da Cruz

Desde o dia em que pela primeira vez Cristo tinha brilhado para ela no mistério da Cruz, na casa de Anna Reinach, Edith passara a sentir-se intimamente ligada a esse mistério. Quanto mais avançava no caminho da vida, mais fortemente se sentia atraída pela cruz. Via nela o símbolo da «união nupcial da alma com Deus, o fim para o qual a alma foi criada: remida por meio da cruz, consumada por meio da cruz e selada para sempre com a cruz». Seguindo o exemplo do «nosso santo fundador e guia», São João da Cruz, também ela quis tomar sobre si a cruz, na qual reconhecia a «lei do seu íntimo e o supremo fim da sua vida». Do estudo detido da obra de São João da Cruz, extraiu o conceito de *ciência da Cruz,* com o duplo sentido de *teologia da Cruz* e *escola da Cruz,* isto é, de vida sob o sinal da cruz.

A obra que escreveu com esse título dedica-se por inteiro a explicitar essa ideia. E uma interpretação profunda da doutrina cristã sobre a Cruz, uma exposição renovada do pensamento de São João da Cruz e, ao mesmo tempo, uma profissão de fé muito pessoal. Usando o método fenomenológico, que dominava como ninguém, Edith expôs a doutrina e a vida do santo Fundador dos carmelitas descalços numa linguagem adequada ao homem moderno.

Já nas linhas introdutórias se torna evidente até que ponto essa obra é singular e inovadora. A irmã Benedita planejava dividir o seu extenso ensaio em três partes. As duas primeiras, intituladas *A mensagem da Cruz* e *A doutrina da Cruz*, puderam ser concluídas. A terceira, *A imitação da Cruz*, apenas iniciada, seria «escrita» com fatos, por meio do sofrimento dos seus últimos dias e da sua morte.

Nove meses depois da eclosão da guerra, os alemães invadiram à traição a Holanda, país que se mantivera neutro. Os judeus que lá viviam temeram o pior, e com razão. A irmã Benedita concluiu que o que se passava na Alemanha ocorreria também nos países ocupados. Estava convencida de que nem ela nem a sua irmã Rosa podiam continuar na Holanda, e os seus superiores perguntaram ao Carmelo de Le Paquier, o único da Suíça, se poderia recebê-la; como Edith era conhecida nesse país pelas suas conferências, foi possível obter para ela, em tempo relativamente curto, a necessária autorização tanto das autoridades civis locais como das eclesiásticas. Mas não aconteceu o mesmo com Rosa, e toda a questão se arrastou, perdendo-se um tempo precioso.

Nesse ínterim, ocorreu um endurecimento fatídico na política nacional-socialista para o «problema judeu».

Até 1941, o regime tinha-se contentado com ataques à propriedade e com a privação dos direitos de cidadania, chegando até a evacuação e emigração forçada de enormes contingentes de cidadãos «não-arianos». Numa reunião dos altos dirigentes do partido em janeiro de 1942, porém, chegou-se à «solução final»: os campos de extermínio. Mantida rigorosamente em segredo – a aterradora dimensão do genocídio só se tornou conhecida depois da guerra –, foi mascarada aos olhos da população como mera deportação para campos de trabalho.

Quando recebeu por fim todas as autorizações da Suíça, Edith pôde solicitar o visto das autoridades de ocupação. Como resposta, ela e a irmã receberam um comunicado da Gestapo intimando-as a comparecer no escritório de Maastrich. Ao entrar na repartição, a carmelita cumprimentou os presentes com a saudação: «Louvado seja Jesus Cristo!»; estas palavras, que nunca se tinham ouvido numa repartição nacional-socialista, foram interpretadas pelos funcionários como uma provocação consciente. As duas foram tratadas com muita grosseria e forçadas a colocar a estrela de Davi amarela que os judeus eram obrigados a ostentar na Alemanha, como uma espécie de identificação pública.

Algumas semanas depois, foram novamente chamadas a Maastrich. Enviadas de uma repartição para outra, tiveram de preencher uma infinidade de questionários sem finalidade ou razão aparente. Os meses se passavam, e nada de chegarem os vistos. Nesse meio-tempo, as medidas antissemitas intensificaram-se tanto que desencadearam um conflito entre o nacional-socialismo e o episcopado holandês.

O comissário do Reich Seys-Inquart tinha ordenado que os alunos judeus, incluídos os católicos de ascendência hebraica, só deveriam ter aulas com professores judeus. Pouco tempo depois, um novo decreto determinava que se afixasse em todos os edifícios públicos cartazes com os dizeres: *Voar Joden verboden!* («Proibido para judeus»). Em nome do episcopado holandês, o bispo de Utrecht, mons. de Jong, insurgiu-se contra essa medida. Como o protesto não encontrou ouvidos, e ainda por cima começaram as deportações em massa de homens, mulheres e crianças, as Igrejas cristãs da Holanda enviaram um telegrama conjunto ao comissário do Reich, no dia 11 de julho de 1942, manifestando a sua indignação e exigindo a suspensão imediata dessas medidas.

Em resposta, o comissário geral Schmidt prometeu excluir das deportações os judeus cristãos que já pertencessem a uma comunidade cristã antes de janeiro de 1941. Mas a exceção não atendia ao ponto principal das exigências feitas, e as prisões em massa e as deportações continuaram. Contando inicialmente com o apoio de quase todas as outras Igrejas cristãs da Holanda, o episcopado holandês decidiu então manifestar publicamente o seu protesto por meio de uma carta pastoral, na qual se reproduzia o teor do telegrama anterior e que devia ser lida na missa do domingo, 26 de julho, em todas as igrejas e capelas da arquidiocese de Utrecht. Como é evidente, o texto de um documento explosivo como aquele tinha de ser cuidadosamente equilibrado, para não provocar uma repressão ainda mais forte por parte das tropas de ocupação, mas ao mesmo tempo denunciar com suficiente clareza as injustiças que se estavam praticando.

Antes, porém, que o comunicado fosse lido, o comissário do Reich e o comissário geral, não se sabe como, tomaram conhecimento do seu conteúdo. Ambos se dirigiram então ao representante da *Herformde Kerk* (Igreja

Reformada) holandesa exigindo que o telegrama fosse cortado do texto, uma vez que se tratava de um documento de caráter confidencial. O sínodo da *Herformde Kerk* dispôs-se a fazê-lo, mas mons. de Jong respondeu que não podia permitir a intromissão das autoridades leigas num assunto interno da Igreja; além disso, como as cartas já tinham sido enviadas aos párocos, infelizmente já não seria possível fazer essas «alterações técnicas»...

Para a maior parte da população católica e da que pertencia às comunidades cristãs não-católicas, foi esse documento que lhes abriu os olhos para as desgraças que estavam ocorrendo, uma vez que toda a imprensa estava sob rigorosa censura. E para aqueles que já tinham ouvido as notícias que circulavam subterraneamente de boca em boca, o perigo revelou-se por fim em toda a sua iminência.

Por esses dias, Edith recebeu a dolorosa notícia de que a sua irmã Frieda e o seu irmão Paul, com a esposa e a filha, tinham sido presos e levados para Theresienstadt. A maioria dos que iam para lá não voltavam a dar notícias. Era chegada a hora de entregar o «sangue do seu coração», como já o dissera no poema *Juxta Crucem:*

> *Os que Tu escolheste para te*
> *acompanharem um dia junto ao eterno*
> *Trono, hoje devem rodear-te junto à*
> *Cruz e, com o sangue do seu coração,*
> *pagar o alto preço das almas que o teu*
> *Filho lhes deu em herança*[1].

---

(1) «Doch die Du auserwählst Dir zum Geleite,/ Dich zu umgeben einst am ew'gen Thron,/ Sie müssen hier mit Dir am Kreuze stehen,/ Sie müssen mit dem Herzblut bittrer Schmerzen/ Der teuren Seelen Himmelsglanz erkaufen,/ Die ihnen Gottes Sohn ais Erbe anvertraut»; *Lebensbildnis*, p. 89.

*Edith e Rosa em julho de 1939.*

No domingo da Paixão de 1939, tinha entregue este bilhete à sua superiora, a Madre Ottilia: «Querida Madre, dai-me permissão para me oferecer ao Sagrado Coração de Jesus como vítima expiatória pela verdadeira paz, para que o poderio do anticristo desmorone, se for possível sem uma nova guerra mundial, e possa ser instaurada uma nova ordem. Desejaria fazê-lo ainda hoje, pois é a duodécima hora. Bem sei que não sou nada, mas Jesus o quer, e Ele certamente chamará muitos outros nestes dias»[2].

O Senhor aceitou esse oferecimento tão espontânea e repetidamente oferecido. Mas veio *como um ladrão na noite* (1 Ts 5, 2).

---

(2) *Lebensbildnis*, p. 223.

Como o comissário geral Schmidt tinha garantido que os não-arianos que já pertencessem a uma comunidade cristã antes de 1941 não seriam deportados, o bispo Lemmen comunicou à irmã Benedita que nem ela nem a sua irmã Rosa precisavam deixar a Holanda. Tranquilizado, o Carmelo de Echt celebrou com alegria, no dia 1º de agosto, a festa de São Pedro *ad Vincula,* que comemora a libertação de São Pedro, por mãos de um anjo, da prisão em que Herodes o tinha lançado (cf. At 12, 1-17). A irmã Benedita gostava especialmente dessa data, porque «a libertação das cadeias veio por mãos de um anjo. Quantas correntes já caíram desta forma – escrevia ela numa carta –, e que felicidade quando caírem as últimas!»[3].

No dia 2 de agosto, Edith trabalhava na redação de *A ciência da Cruz.* Nas últimas páginas que escreveu, encontramos alguns vislumbres dos pensamentos que ocupavam a sua cabeça nesse dia. Falando de São João da Cruz, dizia que o Santo atingira a perfeita união com Deus «porque o seu espírito de elevada energia e vitalidade se deixou render, e o seu coração de fervor apaixonado encontrou a paz na renúncia radical». E, um pouco adiante: «Para os seus inimigos, não tinha a menor palavra áspera. O que quer que lhe fizessem, para ele era apenas a ação de Deus [...]. Para ele, o amor significava essencialmente "o exercício da perfeita renúncia e do perfeito sofrimento pelo amado"»[4]. Também ela não teve, em nenhuma das suas cartas, em nenhum dos seus escritos, uma única palavra de desamor contra aqueles

---

(3) *Lebensbildnis,* p. 218.
(4) Edith Stein, *Kreuzeswissenschaft (A ciência da Cruz),* vol. I das *Obras completas,* pp. 261, 264 e 279.

que lhe causavam e causariam tanto sofrimento. Em um poema, dissera:

> *Não julguemos para não sermos julgados!*
> *A todos nos ilude o brilho exterior das coisas.*
> *Aqui na terra vemos em enigma.*
> *Só o Criador conhece o verdadeiro ser*[5].

Na conclusão de *A ciência da Cruz*, depois de descrever a morte de São João da Cruz, perguntava: «Não há nessa morte alguma coisa dessa liberdade divina com que Jesus inclinou a cabeça?» O mesmo poderia ser dito dela mesma.

## Via sacra

As autoridades nazistas reagiram à carta pastoral de maneira mais violenta do que fora possível prever. No dia 2 de agosto, numa missão-relâmpago, centenas de católicos não-arianos, e entre eles todos os religiosos de origem hebreia, foram presos e deportados pelos agentes da SS.

No Carmelo de Echt, nada se soube até a tarde daquele dia. A missa matinal foi celebrada com toda a paz. Por volta das cinco horas, as irmãs reuniram-se na capela para a oração da tarde. A irmã Benedita acabava de fazer a leitura que devia servir de pauta para a meditação da comunidade, quando soou a campainha. Uns minutos depois, a porteira comunicou à priora que dois oficiais queriam falar com a «irmã Stein». Supondo que se tratas-

---

(5) «Lasst uns nicht richten, dass wir nicht gerichtet werden!/ Uns alle trügt der Dinge äussrer Schein./ Wir sehen Rätselbilder hier auf Erden./ Der Schöpfer einzig kennt das wahre Sein»; *Lebensbildnis*, p. 248.

se de mais alguma formalidade relacionada com o visto para a Suíça, a Madre deixou a irmã Benedita ir ao locutório. Rosa já se encontrava na parte externa.

Os oficiais, agentes da SS, intimaram as duas irmãs a deixar o convento com eles em cinco minutos. Edith respondeu-lhes que não tinha permissão para sair, e um dos oficiais exigiu que chamasse a priora. Quando esta chegou, a irmã Benedita retirou-se e, dirigindo-se à capela, ajoelhou-se com toda a tranquilidade diante do Santíssimo Sacramento. A seguir, foi para a cela fazer as malas.

Enquanto isso, os militares discutiam com a superiora. Declararam repetidamente que a irmã Stein devia deixar o Carmelo em cinco minutos. A priora insistia em que era impossível, ao que eles replicaram que então teria de estar pronta impreterivelmente em dez minutos. A Madre tentou outra saída: observou-lhes que já tinha chegado a autorização para a ida à Suíça e que faltava apenas o visto das autoridades alemãs, mas só obteve esta resposta:

— Isso poderá ser resolvido mais tarde. Agora, a irmã Stein tem de vir conosco. Pode trocar-se ou acompanhar-nos assim como está. Dê-lhe um cobertor, uma caneca, uma colher e provisões para três dias.

A priora pediu um pouco mais de tempo. O SS retrucou, com aspereza:

— Não temos mais tempo. E a senhora trate de imaginar as consequências para o seu convento, se continuar a impedir a irmã Stein de sair.

Reconhecendo que todos os esforços eram inúteis, a Madre limitou-se a dizer:

— Pois bem, se temos de ceder à violência, que seja em nome de Deus[6].

---

(6) *Lebensbildnis*, p. 219.

Nesse meio-tempo, as irmãs tinham ajudado Edith a reunir os pertences mais essenciais, e uma senhora leiga ajudava Rosa a fazer o mesmo na portaria. Esgotada a meia hora que os agentes da SS tinham acabado por conceder, Edith saiu e tomou a mão de Rosa, que estava profundamente consternada. Ambas pediram orações às irmãs, enquanto se despediam apressadamente, e pediram que se informasse o cônsul da Suíça, em Haia, desse atropelo.

Fora, havia uma aglomeração de gente simples dos arredores. Uns choravam, outros protestavam com os soldados que os mantinham à distância. Viram as irmãs sair, e alguns afirmam ter ouvido Edith dizer a Rosa:

– Vem, vamos, pelo nosso povo.

Ambas foram levadas a um carro de combate que aguardava na esquina. Ninguém no Carmelo ou na aldeia foi informado do seu destino.

No mesmo dia, num pronunciamento público em 's-Gravenhage, o comissário geral Schmidt declarou que a prisão dos religiosos tinha sido uma reação à carta pastoral de 26 de julho. «Como o clero católico não se deixa demover por nenhuma negociação, vemo-nos forçados a considerar os judeus católicos como os nossos piores inimigos e, por essa razão, a deportá-los para o Leste o mais depressa possível»[7]. O velho batalhador, mons. de Jong, tornou a protestar energicamente contra essa declaração e a solicitar com urgência que o comissário cumprisse a sua palavra, mas nem esse protesto nem os telegramas que se seguiram encontraram ouvidos ou sequer tiveram resposta.

Em 5 de agosto, depois de três dias de dolorosa incerteza sobre o destino das duas irmãs, chegou um te-

---

(7) *De Tiyd*, 3.08.1942.

legrama de Westerbork, um lugarejo situado no norte da Holanda onde se tinha instalado um campo de concentração. Fora enviado pelo Conselho Judaico de lá e solicitava roupa de inverno, cobertores e medicamentos para os prisioneiros. Dois homens de Echt ofereceram-se imediatamente para levar as coisas até o campo.

Esses homens puderam conversar algum tempo com a irmã Benedita. Ficaram sabendo que as duas tinham sido tratadas amigavelmente pelos SS durante a primeira parte da viagem, mas que, ao chegarem ao campo de Amersfoort, haviam sido enviadas às barracas à base de coronhadas. Na manhã seguinte, tinham vindo para Westerbork, onde homens e mulheres foram instalados em barracas separadas. A irmã Benedita contou-lhes essas coisas «com palavras suaves e cheias de serenidade», sem nada referir sobre os seus sofrimentos. Ainda usava o hábito, e disse que todas as dez religiosas do campo de concentração estavam decididas a usá-lo também enquanto fosse possível. Mencionou diversas vezes que tinham o dia inteiro para rezar, e só precisavam interromper a oração três vezes ao dia, para ir buscar as refeições. Também Rosa estava bem.

Uma terceira testemunha, que falou igualmente com a irmã Benedita no campo, sublinhou várias vezes a sua calma e recolhimento. As palavras com que se despedira foram inesquecíveis: «Aconteça o que acontecer, estou preparada para tudo. O Menino Jesus está também aqui entre nós»[8].

O comerciante judeu Julius Marcan, encarregado de vigiar os presos, conseguiu mais tarde escapar à deportação junto com a esposa. Teve também diversas opor-

---

(8) *Lebensbildnis*, p. 227.

tunidades de observar Edith. «Entre os prisioneiros entregues a 5 de agosto – relatou –, a irmã Benedita destacava-se pela sua grande paz e serenidade. As lamentações que se ouviam no campo e o desespero dos recém-chegados eram indescritíveis. A irmã ia e vinha entre as barracas das mulheres, consolando-as, ajudando-as e acalmando-as como um anjo. Muitas mães, à beira da loucura, tinham deixado de cuidar dos filhos havia dias, mergulhando num sombrio desespero. A irmã imediatamente tomou conta das pobres crianças: lavava-as, penteava-as e cuidava de que recebessem comida e carinho»[9].

O sr. Marcan relatou também uma conversa que teve com a irmã Benedita. Embora já não se lembrasse dos pormenores, recordava-se de que, quando lhe tinha perguntado: «Que vai fazer agora?», ela lhe respondera: «Até agora, rezei e trabalhei; de agora em diante, pretendo trabalhar e rezar»[10].

Do campo de concentração, a irmã Benedita escreveu três vezes ao Carmelo de Echt. Na primeira carta, muito breve, leem-se estas palavras, bem características dela: «Estou satisfeita com tudo. Só se pode conquistar uma *scientia Crucis* quando se chega a sentir a fundo a cruz. Desde o primeiro instante estive convencida disso, dizendo de coração: *Ave Crux, spes unica!*, "Salve, ó Cruz, única esperança"». A segunda carta continha apenas a lista das coisas de que ela e Rosa ainda precisavam. Depois de pedir o volume do breviário correspondente ao período litúrgico seguinte, acrescentava como que uma suave exclamação de júbilo: «Até agora pude rezar esplendida-

---

(9) *Lebensbildnis*, p. 228.
(10) *Lebensbildnis*, p. 229.

mente!» A terceira carta, telegráfica, parece ter sido escrita com muita pressa. Lê-se o endereço do cônsul da Suíça em Haia e o pedido de que as irmãs lhe solicitassem providências quanto antes.

Na manhã seguinte, 7 de agosto, primeira sexta-feira do mês, cerca de mil judeus do acampamento de Westerbork foram embarcados aos magotes em vagões de gado e levados para um destino desconhecido. Trezentos eram católicos de origem judaica, dos quais quinze religiosos. Entre estes, havia cinco trapistas da mesma família, os irmãos Löb, que voltavam a encontrar-se depois de muitos anos de separação; e havia também algumas amigas leigas de Edith, refugiadas como ela da Alemanha, como a dra. Ruth Kantorowicz e Alice Reis. Deve ter sido ao menos um pequeno consolo encontrar-se com elas. Os guardas ainda tentaram enganar os prisioneiros, dizendo-lhes que iam para campos de trabalho no Leste, onde teriam de trabalhar duro, mas poderiam levar uma vida livre e agradável...

## Silêncio

No começo, todos os esforços para descobrir o destino dos deportados foram em vão. Nem os conventos carmelitas no estrangeiro nem os membros da família Stein que tinham emigrado para a América conseguiram lançar alguma luz sobre a escuridão em que as duas irmãs tinham mergulhado.

Por volta do Natal, o Carmelo de Colônia obteve das dominicanas de Speyer uma notícia que lhes deu uma certa pista. Uma mulher recém-casada, antiga aluna de Santa Maria Madalena, contou-lhes que, no dia 7 de agosto, ouvira chamar o seu nome de solteira na estação de trem. Olhando ao redor, avistara num comboio estacionado num dos trilhos a sua antiga professora, dra. Edith Stein, que lhe acenara e gritara: «Dê lembranças minhas às irmãs de Santa Madalena! Eu estou indo para o Leste». Também o chefe da estação e um sacerdote que estava de passagem relataram mais tarde palavras parecidas.

A última notícia da irmã Benedita foi recebida por uma freira de Santa Lioba em Freiburg im Breisgau. Tinha recebido, também em agosto de 1942, de um desconhecido, um bilhete escrito a lápis com as seguintes palavras: «Cumprimentos da viagem para a Polônia. Irmã Teresa Benedita»[11].

Nos anos seguintes, circularam diversos boatos sobre o paradeiro das irmãs, mas não foi possível averiguar nenhum deles por causa das difíceis circunstâncias da época. Em 1947, chegaram dois comunicados que praticamente já não deixavam mais dúvidas sobre a morte da irmã Benedita e de Rosa Stein. O Conselho dos Judeus de Amsterdã enviou um ofício ao Carmelo certificando que, do trem que havia transportado as irmãs Stein, ninguém havia regressado. E o diretor geral, dr. Lenig, que estivera no acampamento de Amersfoort na mesma época que a irmã Benedita, escreveu: «A morte da vossa irmã de hábito deve ser considerada uma certeza do ponto de vista jurídico. Não há dúvida de que encontrou a morte em Auschwitz»[12].

Em vista desse comunicado, o Carmelo de Colônia anunciou ao generalato da Ordem em Roma a morte da irmã Benedita e celebrou uma missa solene de réquiem

---

(11) *Lebensbildnis*, p. 235.
(12) *Lebensbildnis*, p. 242.

por ela. Para responder às inúmeras consultas sobre o seu destino, as carmelitas redigiram e publicaram uma pequena biografia. Em consequência, começaram a chegar notícias de diversas partes sobre Edith, mas a maioria teve de ser rejeitada por não ser digna de confiança.

Digno de crédito é o que contou a esposa do dr. Bromberg, que chegou a Amersfoort com o marido e os dois filhos, no dia 2 de agosto, e foi levada para Westerbork vinte e quatro horas depois. Acompanhou as irmãs Benedita e Rosa nas etapas holandesas, mas escapou à deportação para o Leste «por uma coincidência milagrosa». Escreveu ela: «A grande diferença entre Edith Stein e as demais irmãs estava no seu silêncio. A minha impressão pessoal é que estava profundamente desolada, mas não amedrontada. Dava a impressão de sofrer de uma dor tão grande que o próprio sorriso a deixava ainda mais desolada. Não falava quase nunca, apenas fitava frequentemente a sua irmã Rosa de modo indizivelmente triste.

«Agora que redijo estas linhas, parece-me que ela devia prever o que havia de acontecer com ela e com os outros; afinal, era a única que tinha fugido da Alemanha e, por isso, sabia melhor do que as outras – como por exemplo as irmãs trapistas, que ainda pensavam no seu trabalho missionário – o que as esperava. Esta é a minha impressão: ela pensava no sofrimento que previra, mas não no *seu* sofrimento – quanto a este, estava bem tranquila, eu diria até tranquila demais –; pensava no sofrimento dos outros. Quando a imagino sentada na barraca, a sua figura ainda hoje desperta em mim um pensamento: *uma Pietà sem Cristo*».

O filho da sra. Bromberg, o pe. Inácio, dominicano, acrescentou a esse relato algumas notícias sobre os últimos dias em Westerbork e sobre a deportação: «Ficamos em Westerbork dois longos dias. Todas as tentativas de conseguir dispensa da deportação que se avizinhava, alegando doença ou outros motivos, fracassaram, porque o comité responsável pelos judeus em Westerbork, encarregado de organizar as listas de transporte, recebera instruções rigorosas para não abrir nenhuma exceção no caso desse transporte em concreto.

«Na noite da quinta para a sexta, leram-se nas barracas as listas com os nomes de todos os que deviam preparar-se para a partida. Todos foram chamados, com exceção de seis.

«Na manhã do dia 7 de agosto, quando o sol tinha acabado de nascer, formou-se uma longa fila de homens, mulheres e crianças, dispostos ao longo da rua central do campo de concentração. Os hábitos das religiosas contrastavam singularmente com o ambiente de arames farpados e metralhadoras. Em vez dos guardas do campo, chegaram agentes armados da SS e, sob os seus gritos, a longa fila saiu pelos portões. Nós, os remanescentes, ficamos acenando por muito tempo para eles. Foi a última coisa que vimos daquele transporte»[13].

Uma carta de um pároco de Württemberg complementava esses dois relatos. Entre os seus paroquianos, havia um homem que fora vigia em Auschwitz durante cerca de um ano, a partir de julho de 1942. Quando lhe mostraram o retrato da irmã Benedita com o véu preto, afirmou imediatamente que a tinha visto em Auschwitz em agosto daquele ano, num grupo feminino que chegara por volta das vinte e duas horas. Tinham-lhe dito que se tratava de doentes mentais. Como não voltara a ver ne-

---

(13) *Lebensbildnis,* pp. 256-257.

nhuma daquelas mulheres no dia seguinte, estava certo de «que as vítimas se haviam despido no lugar de costume e depois tinham sido levadas para a câmara de gás e, a seguir, cremadas. Não percebera então que se tratava de um grupo de judeus»[14].

Por fim, no dia 16 de fevereiro de 1950, publicou-se no Diário Oficial dos Países Baixos a lista oficial das vítimas; na lista nº 34, podia-se ler: *Nº 44074, Edith Theresia Hedwig Stein, nascida a 12 de outubro de 1891 em Breslau (Alemanha), de Echt, † 9 de agosto de 1942 Leste.*

E, na lista nº 86, de quinta-feira, 4 de maio de 1950: *Nº 44075, Rosa Maria Adelheid Stein, nascida a 13 de dezembro de 1883 em Lublinitz (Alemanha), de Echt, † 9 de agosto de 1942 Leste.*

## O holocausto ao Altíssimo

«Penso muito na nossa "primeira juventude" na Ordem e na Providência maravilhosa que sempre acompanha o caminho do Carmelo. É possível que a história das almas no Carmelo seja ainda mais maravilhosa. Elas estão profundamente ocultas no Coração divino. E o que nós pensamos compreender da nossa própria alma é apenas um reflexo fugidio daquilo que permanece oculto no mistério de Deus, até o dia em que tudo será manifesto. A minha grande alegria está na esperança da claridade futura. A fé na nossa história oculta tem de fortalecer-nos

---

(14) *Lebensbildnis*, pp. 246-247.

sempre que o que vemos exteriormente (em nós mesmos e nos outros) possa tirar-nos a coragem»[15]. Assim escrevera a irmã Benedita, um ano antes da sua morte, a uma outra carmelita descalça.

A sua morte despojada, esse miserável holocausto na escuridão da noite, poderia à primeira vista parecer um absurdo. Mas ela mesma nos diz que não, que o seu fim foi pleno de sentido. Ao ingressar no Carmelo, já tinha consciência de que «é urgente o meu holocausto, para realizar a minha salvação e a salvação daqueles que amo»[16].

Em janeiro de 1936, por ocasião de uma festa da Ordem, havia traduzido para o alemão o Salmo 60. A última estrofe, na versão traduzida, dizia:

> *Quero cantar o teu louvor,*
> *Como Te prometi;*
> *Oferecer-te o meu holocausto*
> *Até o último dia*[17].

Esses versos eram uma expressão exata do holocausto que fez da sua vida, consagrada ao Altíssimo dia a dia, na alegria e na tristeza. Não por nenhum ato especial, mas unicamente pela silenciosa dedicação com que cumpria os preceitos da Regra, num silêncio que era oração e que convertia tudo o que fazia em sacrifício de louvor a Deus.

A última década da sua vida discorreu totalmente sob o signo da «ciência da Cruz». À imitação de São João

---

(15) *Lebensbildnis*, p. 206.

(16) *Lebensbildnis*, p. 80.

(17) «So will Dein Lob ich singen/ Wie ich es Dir versprach,/ Mein Lobesopfer bringen/ Bis an den Jüngsten Tag».

*A última foto de Edith.*

da Cruz, subiu o Calvário e mergulhou no mistério da Morte Redentora. Ali compreendeu o que caracterizaria com estas palavras:

«É certo que Cristo, no momento da morte, estava inteiramente abandonado e como que aniquilado no seu íntimo, pois o Pai o deixou sem nenhum consolo e sem nenhum alívio, em extrema aridez. Por isso, Ele exclamou na Cruz: *Meu Deus,– meu Deus, por que me abandonaste?* (Mt 27, 46). É possível que esta tenha sido a maior provação que Ele teve de suportar nos sentidos em toda a sua vida. Mas foi precisamente nesses momentos que também consumou a obra maior de toda a sua vida, mais do que com todos os seus sinais e milagres [...]: a reconciliação e a união da humanidade com Deus por meio da Graça. E isto se deu quando se encontrava mais absolutamente aniquilado em tudo...

«A alma verdadeiramente espiritual entende assim o mistério de Cristo como a porta e o caminho para a união com Deus e compreende que, quanto mais intimamente se unir com Deus e quanto maior for a obra que quiser realizar, tanto mais deverá aniquilar-se física e espiritualmente a si mesma, em cumprimento da vontade divina. E quando se extinguir no nada em profunda humilhação, então se realizará a sua união espiritual com Deus, o mais alto fim a que pode aspirar neste mundo. A união com Deus não se realiza nem no conforto, nem no deleite, nem na emoção espirituais, mas quando se é crucificado vivo, tanto física como espiritualmente, exterior como interiormente»[18].

A crucifixão da irmã Benedita chegou ao cume com o seu holocausto literal. Como um sacrifício por amor, a

---

(18) *Kreuzeswissenschaft*, p. 55.

cruz selou o seu aniquilamento interior e a sua consumação exterior. A ligação estabelecida entre os sofrimentos do seu povo e o sacrifício de Cristo na cruz transformou-a em mártir por Israel. Ao mesmo tempo, tornou-se testemunha da vontade salvífica de Deus, que pela morte e pela dor conduz toda a humanidade para a plenitude da vida.

# Posfácio do editor
# na Praça de São Pedro

*A fama de santidade de Edith Stein estendeu-se com o tempo. Em começos de 1962, iniciou-se o processo informativo diocesano prévio ao de canonização. Em 1º de maio de 1987, durante a sua segunda visita oficial à República Federal da Alemanha, o Papa João Paulo II declarou-a bem-aventurada numa cerimônia solene em Colônia. Nesse mesmo ano, teve lugar a cura instantânea e cientificamente inexplicável da menina Teresa Benedita McCarty, de Boston, que sofria de uma insuficiência hepática aguda. Depois de prolongados e exaustivos estudos, o milagre foi aprovado pela Congregação para a Causa dos Santos no dia 8 de abril de 1997.*

*Por fim, a canonização de Edith Stein, a 11 de outubro de 1998, teve enorme repercussão na mídia, que propalou amplamente que se tratava da primeira judia canonizada desde a Virgem Maria – afirmação duvidosa, que seria preciso verificar; judeus convertidos, houve vários canoniza-*

*dos – e, em geral, prestou mais atenção às queixas formuladas por duas ou três pessoas temporariamente mal-dispostas do que ao significado dessa canonização.*

Nesse dia, a Praça de São Pedro oferecia um aspecto impressionante pela multidão de fiéis ali reunidos: da Alemanha, calcula-se que vieram uns 20 mil, acompanhados de metade do episcopado daquela nação. Foram numerosos também os que vieram da Polónia, da Holanda e dos Estados Unidos, entre os quais a jovem Teresa Benedita McCarty. Significativamente, também estavam presentes vários membros da família Stein.

Na homilia, João Paulo II glosou umas palavras de São Paulo aos Gálatas relativas à mensagem da cruz de Cristo:

«*A Cruz de Cristo! No seu constante florescimento, a cruz dá sempre novos frutos de salvação. Por isso, os crentes contemplam com confiança a cruz, encontrando no seu mistério de amor a valentia e o vigor para seguirem com fidelidade as pegadas de Cristo crucificado e ressuscitado. Foi assim que a mensagem da cruz entrou no coração de tantos homens e mulheres, transformando a sua existência.*

«*Um exemplo eloquente dessa extraordinária renovação interior é a experiência espiritual de Edith Stein.* Uma jovem em busca da verdade, *graças à ação silenciosa da graça, chegou a ser santa e mártir: é Teresa Benedita da Cruz, que hoje, do Céu, nos repete a todos as palavras que marcaram a sua existência: Quanto a mim, livre-me Deus de gloriar-me senão na cruz de Jesus Cristo senhor nosso (cf. Gl 6, 14). [...]*

«*Ao celebrar de agora em diante a memória da nova Santa, não poderemos deixar de recordar, ano após ano, a shoah, esse plano cruel de eliminação de um povo, que custou a vida de milhões de irmãs e irmãos judeus. O rosto do Senhor resplandeça sobre eles e lhes conceda a paz (cf. Nm 6, 25). Por amor a Deus e ao homem, uma vez mais elevo o meu ardente apelo: Que nunca mais se repita uma iniciativa criminosa análoga para nenhum grupo étnico, nenhum povo, nenhuma raça, em nenhum lugar da terra!»*

*As palavras do Papa também fizeram referência ao trabalho filosófico da nova Santa: «A sua mente não se cansou de pesquisar, nem o seu coração de esperar. Percorreu o árduo caminho da filosofia com ânsia apaixonada e, no final, foi premiada: conquistou a verdade; ou antes, a Verdade a conquistou. Com efeito, descobriu que a verdade tinha um nome: Jesus Cristo. E a partir desse momento, o Verbo Encarnado foi tudo para ela».*

*Traçar a vida de Edith Stein significava também, inevitavelmente, comentar o seu encontro com a cruz: «Muitos dos nossos contemporâneos quiseram silenciar a cruz, mas nada é mais eloquente do que a cruz silenciada. A verdadeira mensagem da dor é uma lição de amor. O amor torna fecunda a dor e a dor torna profundo o amor.*

*«Pela experiência da cruz, Edith Stein pôde abrir caminho a um novo encontro com o Deus de Abraão, Isaac e Jacó, Pai de Nosso Senhor Jesus Cristo. A fé e a cruz foram inseparáveis para ela. Ao formar-se na escola da cruz, descobriu as raízes às quais estava unida a árvore da sua própria vida. Compreendeu que era muito importante para ela "ser filha do povo eleito e pertencer a Cristo, não só espiritualmente, mas também por um vínculo de sangue". [...]*

*«Que a nova Santa seja para nós um exemplo no nosso compromisso ao serviço da liberdade e na nossa busca da verdade».*

*Direção geral*
Renata Ferlin Sugai

*Direção editorial*
Hugo Langone

*Produção editorial*
Gabriela Haeitmann
Juliana Amato
Ronaldo Vasconcelos

*Capa*
Gabriela Haeitmann

*Diagramação*
Sérgio Ramalho

ESTE LIVRO ACABOU DE SE
IMPRIMIR A 20 DE MARÇO DE 2025,
EM PAPEL PÓLEN BOLD 90 g/m².